U0034104

燃燒跑魂

50 RACES TO RUN BEFORE YOU DIE

世界50大經典路跑賽

燃燒跑魂
50 RACES TO RUN BEFORE YOU DIE
世界 50 大
經典路跑賽

作者／托拜亞斯·繆斯 Tobias Mews

翻譯／黃意然

Boulder Media 大石文化

燃燒跑魂
世界50大經典路跑賽

作　者：托拜亞斯·繆斯
翻　譯：黃意然
主　編：黃正綱
資深編輯：魏靖儀
美術編輯：吳立新
行政編輯：吳怡慧

發 行 人：熊曉鴿
總 編 輯：李永適
印務經理：蔡佩欣
發行經理：曾雪琪
圖書企畫：陳俞初

出 版 者：大石國際文化有限公司
地　址：新北市汐止區新台五路一段97號14樓之10
電　話：(02) 2697-1600
傳　真：(02) 2697-1736
印　刷：群鋒企業有限公司

2020年（民109）11月初版
定價：新臺幣 580 元／港幣 193 元
本書正體中文版The Quarto Group授權
大石國際文化有限公司出版
版權所有，翻印必究
ISBN：978-986-99563-1-4（平裝）
＊ 本書如有破損、缺頁、裝訂錯誤，請寄回本公
司更換

總代理：大和書報圖書股份有限公司
地址：新北市新莊區五工五路2 號
電話：(02) 8990-2588
傳真：(02) 2299-7900

國家圖書館出版品預行編目（CIP）資料

燃燒跑魂 世界50大經典路跑賽 / 托拜亞斯·繆斯Tobias
Mews 作；黃意然 翻譯. -- 初版. -- 新北市：大石國際文
化, 民109.10　240頁；17.4 x 21公分
譯自：50 races to run before you die.
ISBN 978-986-99563-1-4(平裝)

1.賽跑 2.運動訓練

528.946　　　　　　　　　　　　　　109016445

Text copyright © Tobias Mews 2016
Foreword © James Cracknell 2016
Copyright Complex Chinese edition © 2020 Boulder
Media Inc.
All rights reserved. Reproduction of the whole or any
part of the contents without written permission from
the publisher is prohibited.
NATIONAL GEOGRAPHIC and Yellow Border Design
are trademarks of the National Geographic Society,
used under license.

獻給我的母親
安娜·克萊曼絲·繆斯

目録

左上到最下：強悍泥人、梅鐸馬拉松、跨越阿爾卑斯山越野跑

序

撒哈拉沙漠馬拉松賽

對我來說，起跑時腎上腺素的感覺超越了比賽的興奮刺激。因為大腦會問身體一些棘手的問題，而身體會設法避而不答，但你的成功和快樂最終取決於你怎麼回答這些問題。

你能不能抵達終點線？你能跑多快？你突破新的極限了嗎？當知道自己已經竭盡全力、衝過終點線的那一刻，腦內啡與腎上腺素會迅速激增。

比賽一直是我人生很重要的一部分。可是我在體育界最自豪的時刻不是在雪梨或雅典奧運衝過終點線，而是在1996年亞特蘭大奧運開幕典禮當天躺在檢疫隔離室裡。經過四年的訓練，我竟感染了扁桃腺炎，在開賽當天退出比賽。躺在大小如清潔工具櫃的檢疫隔離室，很容易想要放棄體育，去找份工作，因為無法保證四年後會不會再發生同樣的事。但我決定不要還沒站上起跑線就結束了我的奧運生涯。

在那種情況下做出這個決定，經歷了那些低潮，讓我在四年後的雪梨奧運會上成為更強大的運動員。除此以外，還有跟史蒂夫·雷德格雷夫爵士（Sir Steve Redgrave）及馬修·平森特爵士（Sir Matthew Pinsent）一起訓練，藉助

了他們的力量。

　　自划船運動退役後，我很高興有機會在一些最具挑戰性的耐力賽中測試自己，包括橫越美國、在撒哈拉沙漠馬拉松賽中戰勝撒哈拉的炎熱與沙子、划船橫渡大西洋，以及搶攻南極點。無論是以團隊一員還是以個人身分參賽，共同的主題都是學習新技能、體驗新環境、把身心推到極限。但更重要的是，身為自然環境中渺小的一分子，和置身往往了無新意的體育世界，是截然不同的兩件事。

　　跑步堪稱是最純粹、最自然、時間效益最高的運動，幾乎在任何地點都可以進行。無論多有經驗或受過多少訓練，都可以到戶外去跑步。現在我們所有時間都花在電腦和桌子前，跑步是抽離放空的最佳方法。

　　在《燃燒跑魂：世界50大經典路跑賽》中，托拜亞斯集合了世界最棒的一些賽事。它們可以讓你在星期六早晨爬起來跑去當地公園（就算你的伴侶覺得你很奇怪），或鼓勵你放膽作夢測試自己，甚至為你提供一個

去開曼群島的藉口。無論是充滿樂趣的泥濘障礙賽，還是讓你打開眼界、發現英格蘭丘陵之美的英格蘭高地山徑越野跑，這些賽事的挑戰和地點都十分具有代表性。

　　我在搶攻南極點的賽事中起了水泡，嚴重潰爛，部分是因為當地極端的環境，但最主要還是因為我在關鍵時刻作了錯誤的決定。我在南極讓醫生治療我的腳時，有人把頭伸進帳棚，用憐憫的口氣說：「你認為這算水泡的話，應該去參加撒哈拉沙漠馬拉松賽！」我一回到英國立刻報了名。若有機會證明我能在競賽環境中在正確的時機作出正確的決定，就代表我在南極洲學到了教訓。結果我獲得了那場賽事25年來英國人所得過的最高名次，這件事就代表我作了正確的決定。

　　不論選擇從哪場比賽開始，不管跑步的目標是什麼，我都可以保證：當你在一群跑者當中聽到觀眾為你鼓掌，或是在一段開闊的跑道上面對著新的挑戰、體驗那寧靜的時刻時，你可能都會令自己驚訝。而看過這些史詩般的精選賽事，你可能會想要把它們全部跑完。

詹姆斯・克拉克內爾 James Cracknell

前言

我在寫本書的最後一項賽事時，回想最後一趟跨越威爾斯山脊的320公里旅程，不禁低頭看向雙腳。我的小腿完全遮蓋住腳踝，腫脹的雙腳讓我的人字拖看起來就像丁字褲，腳趾間有些皮不見了，還有至少一片趾甲可能很快就會脫落。不過這些都沒關係，因為完成龍脊賽（見第232頁）的滿足感，讓任何一分的不適都變得值得。這項富有歷史傳奇、深具代表性的比賽，對我來說，是「一生必跑」的絕佳路線。

過去十年間，我跑過五大洲、十幾個國家，橫越沙漠和叢林，跨越小島與山脈，沿著海岸線，穿過森林、樹林、城市及村莊。在延宕了一會兒之後，我計算出：為了「調查」本書裡的50項比賽，我總共跑了超過4320公里，爬升（及下降）超過11萬6000公尺。這相當於上下聖母峰13次，超越外太空邊緣16公里。這些數字讓我想坐下來喝杯烈酒、預約按摩。

我很早以前就領悟到自己不夠優秀，永遠無法成為職業運動員。我31歲才開始「認真」跑步，起步算有點晚。但是我確實擁有好奇心和探索自己能耐的意願。說真的，完賽的腦內啡感覺非常棒，抵銷了經歷過的所有痛苦。即使我在比賽結束後說過「再也不跑了」，但總在不知不覺間又開始研究下一條路線。跑步是會上癮的。

對我來說，跑步和賽跑是通往嶄新世界的媒介，讓我可以看見原本只夢到過的地方，突破我自我設定的極限，讓我更強壯、更健康、狀態更好。而且多虧了跑步，我才認識了我的妻子湛安，她跟我一起跑了很多場比賽，而不只是在英國背妻大賽（見48頁）中當我的「妻子」。

跑步是段歷程。我並沒有直接投入那些號稱「地表最難」的高難度賽事，而是從我知道自己能夠完成的比賽開始。等自信建立起來後，再找尋更大的挑戰，那些能夠讓我跑得更遠、更高、更快的賽事。目前為止，勝地比賽是我最愛的類型。這些比賽地點的風景令人驚豔，無論是否參賽都會想去一遊，意思是也非常適合帶家人一同前往探索，從三峰高地路跑賽的約克郡谷地（見198頁）到拉瓦雷多超級越野賽（見182頁）的高聳多洛米蒂山。另一個優點是：比賽的後勤補給大多會有人負責，參賽者只要跑步就好。

我的書中收錄了馬拉松、登高賽、天空跑、超級馬拉松、多日賽、背妻比賽、1英里賽、5公里賽、10公里賽、殭屍追逐賽、高地路跑、山徑越野跑、游跑賽、24小時接力賽、障礙跑競賽、山地馬拉松，以及其他各種類型的賽事，並且盡可能蒐羅一些統計數據，包括關門時間、優勝者的時間、地點、網站，以及

其他各種參賽所需的相關資訊。另外，秉持公開透明的原則，我也寫出了我個人的完賽時間，給好勝心強的人一個突破的目標。不論是為了什麼理由、體能狀況如何，幾乎都有合適的比賽。因此我把本書分成三大部分：

初學者路線：著重樂趣而不是勝負，不需要經驗。

自虐狂路線：新地形和新挑戰。有些路線需要有馬拉松的經驗。

高難度路線：需要毅力、耐力和基本經驗。

　　不是每個人都爭強好勝。對有些人來說，歷程比成績或名次更重要。但無論你是哪種人，完成比賽都是獲得腦內啡的最佳辦法，所以報名參加比賽吧！一旦開始，你就不會再回頭了！

圖例

📍 活動地點

〰 地形

🪜 爬升高度

▢▢▢ 障礙關卡數量

📅 活動舉辦時間

🌐 活動網站

活動距離

公里

初學者路線

初學者路線

1 強悍泥人 TOUGH MUDDER

📍 英國與世界各地　　□□□ 20+　　〰〰 泥巴障礙賽，極可能有水池　　📅 全年　　🌐 www.toughmudder.co.uk

距離

16-19公里

時　分　秒
0 1 3 4 0 0
托拜亞斯的完賽時間

78%
完賽率

「老兄，別擔心，你若摔下來，我會接住你！」在我下方幾公尺處，潛水員在冰冷又混濁的深水中踩著水對我大嚷。若是換成其他場合，這樣的話語會讓人感到安心，但由於我處在進退兩難的危險狀況，這些話並沒有讓我緊繃的神經獲得舒緩。是這樣的：我參加了英國第一屆強悍泥人賽，在單槓障礙這一關遇到了一點麻煩。

由於亟欲經由這根20公尺長的野獸來證明自己的價值，也為了說服自己我當兵時技能還在，我固執地繼續擺盪，直到筋疲力盡。可是現在，我卡住了。倘若我在原地掉落，一腳會碰到平臺，另一腳會踩到水裡。簡直不敢想像。但如果我努力擺盪，通過剩下的那兩根橫桿，是有可能成功，只是失敗的可能性也不小。不用多說，事情並沒有完全按照我的盤算進行，而且我的腹股溝已經痛了兩天。

說強悍泥人是障礙跑競賽中名氣最響亮的，我想應該不會有錯。創始人是兩個英國人

——蓋爾·利文斯頓（Guy Livingstone）和威爾·迪恩（Will Dean），他們創立了一個團體和一項運動，或者如威爾在他們的影片中所說的：「我們讓人回歸基本……而團隊合作和同志情誼是我們的主旨。」到目前為止，已有超過150萬人參加過強悍泥人的活動，而且別忘了，他們在2015年還舉辦了50多場全球活動，這個數字勢必會繼續成長。

強悍泥人跟許多其他障礙跑競賽不同的地方是，強悍泥人不是比賽而是「挑戰」，參賽者加入後必須發誓會「把團隊合作及同志情誼放在自己的賽道成績之前」，並且「幫助泥人同伴完成賽程」。由於不是比賽，所以沒有真正的獲勝時間，也因此沒有計時晶片或真正的優勝者。

在強悍泥人賽中，團隊合作跟玩得開心一樣重要。

左：不管是從中間跑過還是從底下爬過，最後還是會觸電。

首要祕訣

- 組隊參加更有趣。
- 穿你已經不要的衣服去參賽。
- 訓練上半身——爬單槓時會需要！

參加強悍泥人活動，不必擁有發達的腹肌或像阿諾·史瓦辛格那麼大的二頭肌，雖然很多泥人都是這種身材。你也不必袒胸露背（女性參賽者肯定如釋重負！），但你必須面帶微笑上場，告訴自己：「今天就是要玩得很開心。」

強悍泥人的本質是「團體活動」。我清楚記得我的第一場比賽，那場比賽我獨自應付。光是為了進入先出發梯次的起跑區，我就得跳過一堵牆。我憂慮又尷尬地畏縮不前，這時有個人拿著擴音器大聲喊出前面提過的強悍泥人誓言，我們所有人都必須複述一遍。我憂慮是因為擔心我可能需要協助才能克服障礙關卡，不過只要有一點肌肉和體力，就可以通過大部分的障礙關卡。也許只有金字塔障礙除外——那一關真的需要大家協力建造金字塔。

但是，從我2012年第一次參賽後，時代改變了。強悍泥人變得更加艱難，幾乎變得像是障礙賽版的《水晶迷宮》。確實，每年主辦單位都會設計出新的障礙關卡，讓人埋頭苦思、

倒抽一口冷氣，你或許會抹去臉上的泥巴，但絕對不會笑不出來。看到關卡取名為火圈、骯髒的芭蕾舞伶、搖擺王、電擊治療，和放克猴等等，你就知道你會玩得很開心。

一旦參加過強悍泥人，完成「軍團關卡」，你就可以選擇加入「泥人軍團」（Mudder Legion）——也就是參加過不止一次泥人賽的人的官方社團。每次報名參加另一場活動，你都會收到不同顏色的頭帶，顏色是根據完成的活動次數來區分，從參加第二次的綠色到參加過十次以上的黑色。另外還有軍團專屬的障礙關卡及跳過電擊治療關的選擇權——並非完全沒有好處！如果這還不夠維持你的興趣，那你或許可以試試「最強泥人賽」（World's Toughest Mudder），在24小時以內完成愈多次16公里長的關卡愈好。心動了嗎？

左頁：有些障礙關卡保證會讓你吃不消。

初學者路線

保柏西敏一英里賽
BUPA WESTMINSTER MILE

📍 英國倫敦　〰〰 馬路　　　　　　　　　📅 5月　　🌐 www.bupawestminstermile.co.uk

距離

1英里

時　　分　　秒

`0` `0` `0` `4` `3` `1`
（已知）最快時間

`0` `0` `0` `5` `0` `8`
托拜亞斯的完賽時間

99%
完賽率

在馬拉松出現之前，重要的距離只有一個：1英里。大家普遍認同，這個距離是速度與耐力的完美組合，是終極的考驗。

　　從運動員的角度來看，1英里算「中距離」。但如果問：英國的法定哩是多遠？幾乎可以肯定沒有人答得出來。答案是1760碼，這距離是在1593年議會的度量衡法案中決定的。多年來，有很多職業和業餘的運動員以走路或跑步的形式一爭勝負，經常有賭徒和觀眾下注看他們能多快完成1英里。但四分鐘跑完1英里的紀錄一直到1953年才有人打破，當時羅傑‧班尼斯特（Roger Bannister）在配速員克里斯‧布拉歇爾（Chris Brasher）與克里斯‧查特威（Chris Chataway）的協助下，在牛津的伊夫利路賽道上跑出了眾所周知的3分59秒4的成績。

　　如今，1英里已經降到公制的1500公尺，不過原始的說法依舊不死。測試你拚鬥精神的最佳方法是參加保柏西敏1英里賽，地點在堪稱英國最著名的一條路上：倫敦 SW1上的林蔭

路（The Mall）。

雖然我跑過無數次馬拉松和超級馬拉松（比傳統馬拉松的42.2公里距離更長的賽事），卻從未跑過只有區區1英里的比賽。事實上，我甚至不知道該怎麼為自己配速。要用全速盡快奔跑？還是保留實力到後半段再開始加速？

上個月，也就是在2014年，肯亞選手威爾森・基普桑（Wilson　Kipsang）在倫敦打破了馬拉松的世界紀錄，均速是令人驚訝的每英里4分45秒。我想如果他能以這種速度跑42公里，那我應該能夠用這種速度跑完1英里。真是痴人說夢。

儘管賽事在5月，天氣對我們卻毫不留

每位參賽者的梯次是根據每個人的預測成績來分配的。加入第一梯次必須自負風險。

首要祕訣

- 賽前做適當的暖身和動態熱身運動，降低受傷的風險。
- 前200公尺不要全速衝刺，必須保留一些體力。

情。當天狂風暴雨，威脅著要把大家淋得溼透、縮短這場比賽。我抵達起跑線時，注意到很多人在活動肢體，沿著林蔭路來回短距離衝刺，還有各種動態熱身運動，例如擺腿和加速跑。當然在這場比賽中，一旦起跑就不會有時間「暖身」了：要嘛現在做，要嘛稍後回家泡澡。

我一邊跟著活動肢體，一邊想起前世界冠軍和奧運銀牌得主史蒂夫・克拉姆（Steve Cram）的至理名言：「在1英里賽前，適當暖身很重要。槍聲一響就要奮力跑，但又不能太過拚命，免得才跑200公尺就無法維持速度。」哈，說得容易！

通常我會站到起跑線前排，自信不會輸給任何人。但這一次我卻感到羞怯，好像身為超馬跑者，我不應該在這裡。槍聲響起，我擠進一堆混亂的腿和手肘之間，因為每個人都在搶位置，朝海軍部拱門前進。我的腦子想著：「保留一點體力，一開始不要跑太快，」同時身體也努力掌握步頻。

突然間，我發現自己被一堵同行跑者的人牆擋住，沒有空間可以超越他們，這時我才後悔沒有推進到前排。繞過轉角進入騎兵衛隊路後，我試圖尋找超車的空間，但卻運氣不佳。

經過左邊的騎兵衛隊閱兵場後，我還來不及反應就已經再次轉彎，到了鳥籠道上。上個月我參加倫敦馬拉松時，最後1.6公里正是跑在這段路上。我看見指示牌寫著「還有800公尺」——我必須提醒自己，這距離實際上已經到一半了。

我在那群跑者當中找到空間，企圖加快速度，卻又想到史蒂夫建議的第二段：「1英里毫無疑問是短距離比賽，但它卻又夠長，如果前面衝得太猛，後半段會非常辛苦。」幸好我不小心遵照了他的建議，所以有足夠的氣力保持速度，我恍恍惚惚地通過了威靈頓軍營，接近最後一處轉彎，轉上馬刺路後，終點線就在白金漢宮前等著我。

我看到最後一塊指示牌「還有100公尺」附上倒數計時接近4分50秒。我心想勝券在握了。雖然可能無法打破基普桑的紀錄，但我估計還是可以在五分鐘內完成。但就在我跑向終點時，我感覺自己的肺好像快爆炸了，並且突然領悟到我不是尤賽恩・波特（Usain Bolt），不可能在10秒鐘內跑完100公尺！

我衝過終點線的時間是5分08秒。保柏西敏1英里賽或許距離不長，不過我對這距離增加了幾分敬意，並且喜歡上這項比賽。當我拿到一枚相當別緻的獎牌、走回寄物更衣區時，我發誓我會再回來。

鳥籠道上的最後200公尺。這距離聽起來也許不遠，但是在無氧極限下跑步，感覺會像永遠到不了！

3 初學者路線

皇家公園基金會
半程馬拉松賽
ROYAL PARKS FOUNDATION
HALF MARATHON

 英國倫敦
皇家公園 〜〜〜 馬路

 10月 🌐 www.royalparkshalf.com

距離

21.1公里

時　　分　　秒
`0 1` `0 5` `4 0`
（已知）最快時間
`0 1` `1 9` `3 4`
托拜亞斯的完賽時間

99%
完賽率

倫敦是世界上數一數二的繁忙首都，其中有2023公頃的綠地，提供了一片平靜的綠洲，因此生活在倫敦的人可能對綠地有點司空見慣。對於在倫敦工作、遊玩、居住的人來說，海德公園（Hyde Park）、綠園（Green Park）、聖詹姆斯公園（St James's Park）、肯辛頓花園（Kensington Gardens）都是熟悉的名字。而且不只名字熟悉，我們大多數人都曾經在這些公園裡騎過自行車或散步。

所以我可以理解有人會認為參加皇家公園基金會半程馬拉松賽沒什麼特別。不過這與事實完全不符。實際上，在10月寒冷清新、下著陣雨的星期天早晨，你一點也不會抗拒鬧鐘的召喚，前往海德公園裡的起跑點。

參賽者不僅有機會跑過前面提到的公園，還能越過西敏橋（Westminster Bridge）——而且過橋時不會聽到車輛呼嘯而過的聲音，也不會聞到柴油味。飛速經過白金漢宮（Buckingham Palace）和皇家亞伯特廳（Royal Albert Hall）時看不見一輛車：這樣的倫敦可是你前所未見的。由於封路的關係，每年路線可能會有細微的改變。不過可以確定的是：距離永遠是21.1公里！

這項盛大的半程馬拉松賽在2008年創辦，過去七年來為500家以上的英國慈善機構籌集了3.2億英鎊，成為就算不是歐洲第一也是英國首要的募款半馬賽。事實上，這也是參賽者唯一有機會路過——以及穿越——首都地標的比賽。

跑者在西敏橋上轉彎，後面是國會大廈。

　　早上8點45分，起跑前15分鐘，大約1萬2000名跑者（這數字從2011年以後就成長到1萬6000）在海德公園的起跑點集合。氣氛棒極了，輕快的音樂鼓舞著正在活動肢體的跑者。當然，由於這項比賽有許多人是為了公益事業而跑，因此出現的不只是萊卡運動服，還有奇怪的龍和松鼠等裝扮。

　　我認為這是場應該享受的比賽，而不是單純「折磨」自己。因此我審慎出發，用比較平緩的速度，不像平常那樣狂奔。這條路線不會突然出現幾百公尺的上下坡路。海德公園的出發地點很平坦，而穿過首都的21.1公里，全程都明顯「起伏不大」。但是別上當了：平坦也許是個額外的優點，但路跑依舊不像表面上看來那麼簡單。無論風景多麼美麗，你的雙腳還是會陣陣作痛，大腿後肌還是會抽搐。

　　來到中間點、靠近蛇形湖（Serpentine）時，我開始加速。沿線的觀眾為我們加油，我覺得有必要再加把勁。一陣微風吹起，大量的樹葉落在柏油路面上，不過完全看不到丟棄的塑膠瓶、傳單或硬紙盒，和比賽的環保精神相符。這比賽遵循「零廢棄」的原則，使用以永續法製作的T恤和再生的聚酯纖維。

轉過最後一個彎進入南馬車道（South Carriage Drive）時，皇家亞伯特廳矗立在我的右邊。我瞥見終點線就在前方500公尺處，給了我鼓足幹勁做最後衝刺的動力。

木製的橡樹葉完賽獎牌真正符合了這場比賽的環保精神。獎牌掛在脖子上時，我不由地感到自豪，不只因為達到還算不錯的比賽成績，也因為是在倫敦市內參賽。

首要祕訣

- 務必先熟悉路線，因為每年都可能會有細微的改變。
- 去看看終點線的活動區，非常好玩！

下：這條路線經過許多倫敦的代表性地標，包括白金漢宮。

右頁：這條路線帶領跑者沿著林蔭路跑向白金漢宮，再回到海德公園。

初學者路線

4 地獄跑者路跑賽 HELLRUNNER

英國漢普郡龍莫爾營地 　ᗢᗢᗢ 山徑、沙地及沼澤 　📅 1月 　🌐 www.hellrunner.co.uk

距離

13-16公里

時	分	秒

0 1　0 3　3 6
（已知）最快時間

0 1　0 7　1 8
托拜亞斯的完賽時間

98%
完賽率

由於我連續完成了五次「地獄跑者」，可能會有人說我要不是自虐狂，就是在尋找救贖。或許兩者都是。別忘了，我是他們的「狂人俱樂部－痛苦之牆」的正式註冊會員，這個俱樂部只有完成五次（含）以上的賽事才能參加。但不管你喜歡如何度週末，只要參加了，就一定包君滿意，因為這項比賽號召了魔鬼當事業伙伴，而且擁有死亡沼澤（Bogs of Doom）和地獄山丘（Hills of Hell）之類的天然障礙物。當然，要找到一條「地獄般的」13–16公里賽道，還有哪裡比漢普郡利斯村（Liss）的龍莫爾軍隊訓練營（Longmoor Camp）更好？沼澤、沙丘、小湖、布滿車轍的山徑、艱難的爬坡、危險的下坡……那裡統統都有。

我第一次跑這條路線時還在軍中，當時背著沉重的背包在布滿石頭的小徑上來回奔跑，所以這肯定輕而易舉。噢，我真是低估了這項在英國大受歡迎的越野賽。

地獄跑者是英國泥漿賽跑的始祖之一，你可以找地獄跑者「北方站」、「南方站」或「契爾屯站」，不過我參與這項精采賽事主要是在南方站。那裡距離倫敦一小時車程，要去不算太難，只要你不介意七早八早就得起床出發！

嚴格說來，地獄跑者沒有「障礙物」，而是軍用車工作時在地面上鑿刻出的天然地形，

左：死亡沼澤。

上：如果身高受限，很可能必須游過死亡沼澤。

下：如果你妄想保持乾爽，請你再想一下。

首要祕訣

- 多帶一些保暖裝備方便賽後使用（包括毛巾）。
- 你需要抓地力好又能排水的越野跑鞋。

不過確實有很多斜坡。這些坡道也許不長，但是短而陡峭、衝擊力十足、肯定夠讓你上氣不接下氣、兩腿抽筋。

起跑相當有趣。有個男人打扮成魔鬼踩在巨大的高蹺上，發令讓我們出發，伴隨著煙霧彈的濃煙，讓人幾乎不可能看清楚方向。不過當然，那正是重點。幸好最初的1.6公里左右地勢平坦、速度很快，有機會努力拉開跟其他人之間的距離。但沒多久，你就會碰上最早的幾條坡道，先讓你暖暖身，接著再跑到及腰的水池裡冷卻一下——同時確保大家的鞋子在比賽初期就已經溼得很不舒服。

當我在缺氧狀態下順著賽道前進時，事情變得清楚：我根本沒有自己想像的那麼強，至少沒有強到可以跟別人一決勝負。接著我抵達了地獄山丘。這關就足以讓我從跑步模式進入喪屍模式。

左頁：沙地、沼澤、水域、碎石，你能想到的每種地形都有。　　　上：這也許是撒哈拉沙漠馬拉松的完美訓練場？

　　但還有死亡沼澤在等著。只要接近就會知道，因為你會聽見觀眾尖銳的笑聲，還有選手同時發出的驚叫聲。等到終於抵達渾濁的水邊時，你會發現一條20公尺長的大壕溝，裡面裝滿了你所能想像最黑、最冰、最混濁的水。而如果你的身高有點不足（像我一樣），那東西很快就會淹到你的脖子！

　　我渾身溼透、滿腹哀怨，努力設法跑起來，還沒成功就又進入了另一個大泥潭──到這個階段，我脖子以下已經毫無知覺了。之後再經過一段非常多沙的區域（我後來發現這很適合用來為撒哈拉沙漠馬拉松賽做準備，參閱第178頁），就能看到終點了。能在嘔吐之前越過終點線，我鬆了口氣，這份感覺我永生難忘，但我並沒有因此卻步。接下來的四年，我每年都回來，下定決心要提升自己的成績。

初學者路線

5 嚴酷挑戰賽 THE GRIM CHALLENGE

📍 英國各地　～～ 山徑和泥土路　📅 12月　🌐 www.grimchallenge.co.uk

距離

13公里
（2014年，每年都不太一樣）

時　　分　　秒

0 0 4 4 2 6
（已知）最快時間

0 0 5 3 3 0
托拜亞斯的完賽時間

98%
完賽率

「我同情要率先通過這裡的可憐鬼，」站在我旁邊的男人說著，隨意扔了塊卵石到前面30公尺長的凍結大水坑裡。時值12月，溫度在冰點上下徘徊。

我看著卵石滑過表面，最後停在中間某處。「老天爺！我們到底要怎麼過去？」我思忖著，一邊在比賽即將開始前揉揉小腿。在一般情況下，我不會太擔心這點意料之外的冰，但由於之前曾在這場賽事中擠進前十名，我很清楚身為領跑者，我在某種意義上也成了破冰船。

嚴酷挑戰賽或許只有13公里長，從宏觀的

左頁：暴風雨前的寧靜。由於挑戰賽在冬天舉行，你會感激跑步開始——只為暖暖身子！

上：奇裝異服並非強制規定，但會讓比賽更有趣。

角度來看並不算遠，但別被騙了。這項「英國最早最棒的越野系列賽」是名符其實的嚴酷。如主辦單位愉快指出的：就「逆來順受吧！」不過有些人可能會有不同的見解，因為要是真的「那麼」糟糕，這場名額3500人的賽事就不會銷售一空了。

　　賽事分成兩天，可以選擇參加個人賽或三人團體賽（男女分開或混合）。曾參加過兩次個人賽的我認為團體賽比較有趣，尤其比賽時間離耶誕節只有兩星期，正是挖出奇裝異服的大好機會。

　　正如各位可能預期的，這比賽不見得會吸引世界最優秀的越野跑者（他們應該有比在泥水中打滾更有益的事情要做），因此參賽者如

果有很好的速度與耐力，就大有機會表現得非常出色。不過如果想創造個人最佳成績，那大概不適合參加這個活動。

英國軍事健身公司的小伙子會在場帶些暖身動作，防止參賽者在起跑線上凍僵。雖然如此，等到比賽開始時，參賽者還是會感激終於可以跑步了。這條賽道是取自軍用車測試道，因此會根據英國陸軍的行事而改變，但保證絕對又溼又泥濘，而且困難到要人命。此外還布滿水池，把深深的車轍隱藏起來，如果被絆倒了、一頭栽進渾濁的深坑裡，你一定會忍不住咒罵。

儘管嚴酷挑戰賽並沒有自稱或假裝是障礙跑競賽，而是「泥漿賽跑」，但確實有一些障礙物，讓人不得不時時保持警覺，或是真的絆人一跤，從輪胎鋪成的跑道到必須從下面匍匐通過的吊貨網都有。然而真正的障礙物是短而陡峭、讓人雙腿無力的斜坡，以及有時深及腰部、凍得讓人簡直無法呼吸的水池，最精采的則是接近終點的「大水坑」。

當然，避開一些水坑會容易一點，但那就不好玩了。畢竟，參加一場號稱「跑步、蹚水或爬行」的比賽，卻不真的做這些事，還有什麼意義？

左頁：雖然不是障礙跑競賽，但水池加上偽裝網就夠讓你展露笑容了。

上：巧妙放置的吊貨網讓人別無選擇，只能弄得渾身溼透。

等我到達較大的水坑時，有些好心人已經弄碎了一部分冰，減少我小腿的割傷，這或許讓聚集在主要水景附近、等著有人摔倒的家人朋友感到失望。我滾過終點線時渾身溼答答的，還有點發冷，但我還是笑得合不攏嘴。這比賽或許不像其他某些賽事那麼艱難，但肯定同樣有趣！

首要祕訣

- 穿著人造纖維製成的吸溼排汗（快乾）衣。
- 穿抓地力強的越野跑鞋。
- 遇到水坑直接衝過去，不要繞道──這樣更好玩！

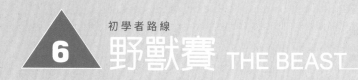

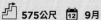

英國多塞特郡科夫堡　　山徑與草地　　575公尺　　9月　　www.pooleac.co.uk/the-beast

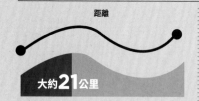

距離

大約**21**公里

時　分　秒

0 1 1 9 0 0
（已知）最快時間

0 2 0 1 1 7
托拜亞斯的完賽時間

99%
完賽率

2004年9月，我坐在科夫堡（Corfe Castle）下方的地上，感覺有點筋疲力盡。「托拜亞斯，你還好嗎？」我母親關切地問，她剛看我跑完野獸賽，一場在多塞特海岸舉行、距離大約相當於半馬的比賽。

「我覺得我快吐了，」我臉色蒼白地說。

「是說，你第一次參加半馬賽，可以選簡單一點的嘛！」她回答。

她說得沒錯。但是話說回來，我這人向來不明智。況且，眼前就是一場取名「野獸賽」的比賽（我當時在軍中服役），沒理由不參加。

就像現在很多比賽一樣，創立這項比賽的想法是在酒館灌下幾杯黃湯之後誕生的。那是1994年的事。現在，過了20多年後，由浦爾運動俱樂部（Poole Athletic Club）籌畫的野獸賽成了珀貝克山徑越野系列賽（Purbeck Trail Series）的一部分，且依然屹立不搖。由於海岸侵蝕，多年來賽道有些改變，距離也略有波動，但參加過的人都認為這是項棘手的比賽，有一大堆

的階梯、山丘和崎嶇的地形。這場賽事和在西邊大約一小時車程的德文郡西頓鎮（Seaton）舉行的格力茲里越野賽（參見第154頁）相似，每次都有不同的名稱。2004年的第11屆比賽叫做「11賽」（Legs Eleven）。2015年那屆則取名為「野性的呼喚」（The Call of the Wild）。

比賽的起點與終點在科夫公地（Corfe Common），以科夫堡為背景，這座千年歷史的王室要塞坐落在珀貝克島（Isle of Purbeck）的半島中央。起跑後，我們先繞一小圈，目的是讓所有參賽者分散一點，因為擠在必須跳過的各種踏階前非常危險。另一方面，這也讓觀眾在跑者消失在山丘後之前有機會再多看他們一眼。

山丘在這場比賽中扮演了相當重要的角色：斜坡、階梯，和踏階。我們在如雲霄飛車般起伏的各種地形上爬上爬下，這裡包含了人

右頁：科夫堡。

左頁：比賽的亮點之一——艾美茨山。

右：幸好有很多階梯（大約200階）鑿在山坡上，協助參賽者攀登艾美茨山。

類已知的所有地形，從長滿青草的田野到布滿岩石的狹窄小徑，以及介在兩者之間的其他所有地形。爬這段路非常艱辛，但真正難的還在後頭。

經過沃斯・麥崔佛斯（Worth Matravers）這座古雅的小鎮以及溫斯彼特舊採石場（Winspit，曾經出現在《神祕博士》電視影集

右頁：在爬上艾美茨山、股四頭肌瘦到爆炸後，任何平坦的路段都是受人歡迎的喘息機會。

下：珀貝克島上的查普曼池。

中）後，在威斯特曼（West Man）與伊斯特曼（East Man）兩座小山左右包圍下，我們抵達了侏羅紀海岸（Jurassic Coast）的石灰岩峭壁。

艾美茨山（Emmetts Hill）往下延伸到查普曼池（Chapman's Pool），這個路段有如鑿刻在懸崖壁側面的巨大樓梯，某些地方陡峭凶險到一個荒謬的地步。跑下幾百個臺階來到底部時，如釋重負的感覺瞬間即逝，因為迅速補充水分後，我們馬上又得舉步維艱地從另一邊爬回去。現在我明白為什麼這會叫野獸賽了！

離開海岸後，我希望最糟糕的山丘已經結束。可惜並沒有。一段平緩但漫長的斜坡帶領我們跑向京斯頓村（Kingston），慢慢耗盡兩腿僅存的精力。即使喝了水又迅速吃下能量果膠，我的精力還是無法恢復。但這時候，我瞥見了遠處的科夫堡，宛如一座燈塔吸引著我，讓我知道我能夠辦到。當我抓著新T恤和家人前往酒館，臉上的血色漸漸恢復時，我腦中的小灰質又開始思考了：「嗯！接下來要參加哪場比賽？」

首要祕訣

- 這裡非常值得你待上一個週末，侏羅紀海岸有很多可觀的景色。

- 加強訓練股四頭肌，在奮力攀爬地獄臺階時你會很需要！

初學者路線

愛迪達迅雷賽 ADIDAS THUNDER RUN

📍 英國德比郡斯瓦德林科特鎮卡頓莊園　　〰 山徑　　📅 7月　　🌐 www.tr24.co.uk

距離

10公里 繞圈賽
（距離視跑多少圈來決定）

圈數

0 0 0 0 3 5
最多圈數（混合組）

0 0 0 0 2 9
托拜亞斯團隊的圈數

99%
完賽率

「托拜亞斯，下一個輪到你了！」我的隊友基朗小聲說。

我躺在帳棚裡聽著夾雜閃電的斷續雷聲，突然回憶起我在桑赫斯特當兵時，有人通知我去「放風」，意思是輪我守崗哨。或許我可以假裝在睡覺，或者根本不在帳棚內。過去幾個小時以來，在不上場的空檔，我沒有睡覺，而是聽著大雨傾盆的聲音，點綴著轟隆雷聲，還不時有耀眼的閃電如探照燈般照亮地面。話說回來，在這場名為迅雷賽的24小時比賽裡，下雨、打雷、閃電都是常有的事。

「幾點了？」我呻吟著問。

「凌晨3點，」他回答。「賽門回來前我們大概還有20分鐘。你最好快一點！」

我應該早點起來的。我跳出睡袋，匆匆穿上溼衣服後走出帳棚，只看到幾百個人漫無目的地閒晃聊天。

愛迪達迅雷賽又叫「TR24」，是24小時的越野接力賽，參賽者的敵人就是時間。比賽地點在卡頓莊園（Catton Hall）這座豪華古宅的土地上，位在史塔福郡（Staffordshire）與南德比郡（South Derbyshire）的邊界。舉行比賽的那個週末，這裡搖身變成了迷你版的格拉斯頓柏立草地音樂節（Glastonbury），中心是一條環繞在101公頃的莊園四周、迂迴曲折、連綿起伏的10公里越野迴圈賽道。

比賽的模式非常簡單：在24小時內盡可能多跑幾圈10公里的賽道。在你心想自己不可能跑那麼久而翻頁之前，先等一下：其實有很多方法可以參加。最受歡迎的選項是以五人或八人的團隊形式參加，可以分成男子組、女子組或混合組，混合組中必須至少有一名異性。另外，每個隊員必須至少跑完一圈。有些自虐狂選擇單人或雙人的選項，有些獲勝者跑了多達20圈。不管怎樣，在時鐘停止的那一刻，完成最多圈的隊伍或個人就是那個類別的贏家。

這項比賽從2009年開辦以來，報名人數一直嚴重超額，2015年的名額是2500人，結果卻有1萬人報名。這場賽事吸引了形形色色的愛好者，包括跑步和三項全能俱樂部的成員、想

為了獲得領先優勢，大多數隊伍會派最優秀的跑者打先鋒。

建立團隊情誼的同事、學校朋友，或是純粹想知道自己在24小時內能跑多遠的個人。更好玩的是，參賽者甚至可以帶家人朋友來加油，因為在這裡可以免費露營。

臨時營地位在10公里的跑道邊上，我和我的八人混合小隊（這些人我以前並不認識）在營地會合後沒多久，大家就已經建立起友誼，想出了如何應對這場24小時挑戰賽的最佳點子。規則說明跑道上必須隨時都有一位選手，但如果個人願意，一人可以跑不只一圈。我們沒有採用輪流跑的傳統方法，而是兩人一組、

分成四組，每組一次跑兩圈，這樣休息時間就有10小時左右。這個計畫非常好，只除了要在雷雨交加的大半夜爬起來。

賽道包含樹林、陡坡，和非常曲折的狹窄小徑，因此有時很難超越他人或加速。白天很熱，地面堅硬難跑。我們每人各跑一整圈後，再把「接力棒」（一條手環）交給隊友。

空檔時間，我們就在設備齊全的炊事帳廝混，做做輔助按摩，或沖個熱水澡梳洗一下。在風和日麗的溫暖夏天，一切簡直如天堂般美好。然而夜幕降臨後，我們戴上頭燈就下起了滂沱大雨，把夯實的地面變成了踩起來唧吧唧吧作響的爛泥地。接著情況變得更糟糕……但也更好玩。到處有人摔倒、打滑，且不只一個

人被（幫忙）照亮四周路面的巨大閃電嚇得魂不附體，有時感覺更像是泥漿賽而不是24小時賽跑。

到了星期天中午，起跑24小時後，我們各自跑了至少一場馬拉松以上，總共29圈，在八人混合組（253隊）中排名第七。說得委婉

些，我們感到非常心滿意足。不是每場比賽都能一開始彼此是陌生人，最後結束時不僅成為朋友，而且成為團隊。這是很棒的體驗。

起跑比較像10公里越野賽而不
是要持續24小時的比賽。

首要祕訣

- 帶盞強力頭燈（並攜帶備用頭燈）。
- 別忘了補充能量和水分，因為要跑很長的時間。
- 多帶一些備用的跑步衣和跑鞋。沒人喜歡穿溼的
  裝備！

初學者路線

英國背妻大賽
THE UK WIFE CARRYING RACE

📍 英國多琴鎮諾爾公園　　〰️ 運動場　　🪜 15+公尺　　📅 3月　　🌐 www.trionium.com/wife
（The Nower, Dorking）

距離

380公尺

000006

托拜亞斯完賽名次

99%
完賽率

我問當時的女朋友湛安是否可以在英國背妻錦標賽中當我「老婆」時，她有些憂慮。不只因為我們沒結婚（事實上參賽者不需要用自己的老婆，你也可以「借」一位），更因為我示範了「愛沙尼亞抱法」（Estonian Hold）給她看——這是你在情急之下扛起情婦的首選方法。

這種抱法必須把頭伸到妻子的兩腿之間，再把她舉起來，讓她的頭正對著你的屁股。然而，在她發出各種不同的驚呼聲和咯咯笑聲、說她這樣會腦充血之後，我們還是決定：反正只有380公尺。能有多難？好吧，根據官方網站的說法，是有致命的可能：

背老婆這項活動有危險性，可能會導致下列任何一種或多種傷害：椎間盤突出、四肢骨折、脊柱損傷、臉部受傷、顱骨骨折、疝氣，和其他

各式各樣的傷害與疾病，可能還包括死亡。但請不要因此卻步！

時間快轉幾個月。湛安站在體重計上，覺得自己很像賽前量體重的賽馬騎師，還一邊惡狠狠地看著我，告訴我有麻煩了。

「差一點點，」他們看著在50公斤附近徘徊的指針說。「不過我覺得這次可以算你們過關！」換作其他日子，告訴太太她可能「體重過輕」也許是件好事，不過今天她的體重必須達到50公斤，不然我們就得找幾個罐頭來幫忙我們達標了。不過在光譜的另一端，背負最重老婆的人則會因為「力氣大」獲頒半公斤香腸，這代表他們也很有可能因為跑最慢而在典禮上贏得一罐狗食和一碗泡麵。

一會兒後，我們和其他30對夫妻一起站在起跑線上，所有人都顯得有點茫然，尤其是老

「老婆」要戴安全帽保護自己，以免被粗心的丈夫摔破了頭。

婆。除了必須像得獎的母牛般被抓去秤重以外，更令人氣憤的是，「老婆」還必須戴上自行車安全帽──那些比較重視時尚的老婆可能會反對。不過大家終究都認為，看起來像呆子總比萬一摔到頭的後果來得好。然後再想想，英國廣播公司的影片攝製人員和攝影師都在等著捕捉我們的一舉一動，感覺簡直像在作秀。

「你們練習了很多次嗎？」我們隔壁的夫妻問，他們看見我把頭伸到湛安的兩腿間，把她扛到肩上。我們告訴他們，我們唯一的一次練跑是在家裡的走廊上，還差點害她長了動脈瘤。

或許我們應該多練習一下，因為我發覺背妻需要一定的技巧。從起跑的那一刻開始，我就覺得自己好像參加學校年度親子賽跑的小孩。

也許是因為害怕，湛安決定緊緊抓著我的短褲而不是腰部，讓我更加難跑。而且她的腿還像老虎鉗那樣牢牢夾著我的頭，真是一點幫助也沒有！

其他人都是跳過乾草捆（狡猾地擺得有點像障礙賽），但我卻是笨拙地爬過去，同時湛安則無法克制地咯咯狂笑，告訴我說大家都追過我們了。等到抵達折返點的時候，我已經準備好要扔下湛安叫她自己走了。我曾在網站上看到有15公尺的斜坡，卻天真地不把它當一回事（反正又不是山）──但有個「老婆」纏在脖子上，感覺真的就像在爬山一樣。

萬幸的是，下坡速度快一些，雖然在爬過乾草捆時觀眾興奮地向我們潑一桶桶的水，我們還是以第六名越過終點線。假如我腦袋清楚的話，當場就該向她求婚，這樣故事會更棒。可惜早在爬第一個乾草捆時，我僅有的任何理智就已經遠離我了。如今結了婚，回顧我們一起參加的第一場比賽，我們都好奇自己是否能表現得更好。

反正還有芬蘭的世界背妻錦標賽！

首要祕訣

- 別讓老婆摔下去
  ——她不會喜歡
  的。
- 盡可能找個體重
  輕的老婆。
- 愛沙尼亞抱法是
  最快、最普遍的
  背妻方法。

雖然不雅觀,但是愛沙尼亞抱
法是背妻的首選方法。

初學者路線

9 納克快克10公里賽

📍 英國薩里郡巴克斯山　〰 越野　　　📅 1月1日　　🌐 www.trionium.com/knackercracker

距離

時 分 秒
`0 0 4 5 5 1`
（已知）最快時間

`0 0 4 7 3 5`
托拜亞斯的完賽時間

10公里

99%
完賽率

大多數人的元旦通常起步得很慢：頭昏腦脹、喝杯咖啡、早上散步、到外面吃午餐、安靜睡個午覺、看一點電視、上床……不過對某些人來說，元旦也是展開新生活的時候，而這「新生活」經常都跟變得更健康苗條有關。要展開新的一年，有什麼比參加比賽更好的方法？如果有場比賽可以讓你咧嘴歡笑（或齜牙咧嘴），那就是納克快克10公里賽了。

　　好吧，或許頭腦比較清醒的人不會選擇被稱為「不列顛最艱難的10公里賽」的比賽，不過嘿，從高遠的目標開始又何妨！而且倘若住在英格蘭東南部，那麼登高的絕佳地點就是國民信託組織（National Trust）所有的巴克斯山（Box Hill）。

　　我第一次聽到納克快克比賽，是在嚴酷挑戰賽（參閱第34頁）終點認識的一個傢伙說

你要只戴頂怪異的帽子還是穿全套松鼠裝都可以，不過穿著奇特服裝在這場活動中是天經地義的事。

KNACKER CRACKER 10K

的。他告訴我這場元旦舉行的瘋狂賽事需要穿著奇裝異服在巴克斯山跑上跑下。他認為如果我喜歡嚴酷挑戰賽，就一定會熱愛納克快克。既然我至今已經參加過這場比賽三次，他當時說的鐵定沒錯。

我一瀏覽非常基本、「毫無誇大不實」的官網，就馬上入了迷。參賽保證可以獲得一件個人專屬的比賽T恤（背後印有個人名字）、一塊獎牌，還有一個馬克杯，全部只要不到30英鎊，算是物美價廉。但就像所有比賽一樣，你很容易報名參加後，立刻就忘了比賽是在一年當中最重要的夜晚隔天舉行。即使是在上午11點輕鬆開始，光是起床、把昏沉的腦袋弄清醒、再前往起跑線，就需要一定的毅力了。而

我還愚蠢地決定主辦除夕派對，所以最後一個上床睡覺，等到我抵達起跑線時，身體既疲倦又有點虛弱，很快就被一位打扮成小精靈的男士、一個香檳酒瓶和一名斯巴達勇士超越，其他的就不一一列出了。很多人揶揄地對我發出噴噴聲，譴責我的遲緩，更重要的是，我沒穿奇特服裝！

現在我已經參加過這活動三次了，確實花心思打扮時比賽會更加有趣。另外，這三次比賽的路線每次都不同，保證參賽者在某個時間點會淪落到用走的，就算只有幾分鐘。因為不論確切的路線為何，都需要爬很多斜坡，大約爬升500公尺，這數字對10公里

賽來說算是很多的。

　　倘若賽道中有一段會讓人煩惱的，大概就是艾格爾階梯了（Eiger Steps），參賽者不但必須往下爬，還得再爬上去。有人評論說：「最後那段階梯其實是撒旦借給國民信託組織的吧。」

　　不過新鮮空氣和追逐香檳酒瓶而產生的腦內啡給了我新的精力，我僥倖站上了頒獎臺。站在那裡接受第三名的獎勵時（是一瓶白酒，在那一刻這應該是我最不想要的東西了！），我不由地慶幸自己偶然發現了這麼棒的比賽。

首要祕訣

- 少要提前30分鐘到達起跑點。
- 穿著奇裝異服，起碼戴頂滑稽的帽子（穿著奇特服裝跑得最快的人以及服裝最佳的人都有獎勵）。
- 穿越野跑鞋（但不要穿釘鞋），因為有些地方很泥濘，草地上容易滑倒。

左頁：跑者下巴克斯山跑向終點時，風笛手在一旁吹奏。

下：有些年，跑者是從山腳下起跑，跑到山頂再跑下來，接著再繼續爬上蜿蜒路。非常殘酷。

初學者路線

10 公園路跑 PARKRUN

📍 世界各地　〰 多變　📅 每星期六早上9點　🌐 www.parkrun.org.uk

距離

5公里

時　　分　　秒

`0 0 1 3 4 8`
最快時間（灌木公園及世界各地）

`0 0 1 6 5 4`
托拜亞斯的完賽時間（個人最佳成績）

99%
完賽率

在世界各地舉辦過6萬5000多場比賽，有12萬7000名以上的志工，比賽地點遍布11個國家651座公園，參與的跑者超過100萬人……我可以說，除非你過去十年來都住在山洞裡，否則你一定聽過公園路跑。要是沒有，你可就錯過了有史以來創辦過最棒的跑步活動。更重要的是，公園路跑100%免費。

這場路跑在每個星期六早上9點舉行，全世界有超過6萬名跑者聚集在651處（持續增加中）地點之一，參加5公里計時賽。每場活動都由一群當地志工籌辦，他們會幫忙召集參賽者、掃描條碼（記錄時間用），或負責計時。他們本身幾乎也都是跑者。

為了鼓勵參賽者多參加幾場公園路跑，

希望能讓參賽者刷新個人最佳成績，主辦單位創了聰明的里程碑目標系統：10場（僅限青少年）、50場、100場、250場，甚至500場。達到某個里程碑，代表已經跑過那麼多場公園路跑，就會獲得一件有顏色的T恤，顯示已取得這專屬俱樂部的會員資格。拿到T恤的人每次參加公園路跑都會自豪地穿上。

你也許會認為不同俱樂部的會員資格很難達到，不過宏觀來看，在我寫作的當下，世界各地已有超過2萬7000名青少年達到10俱樂部，2萬5000人成為50俱樂部的會員，有8300人跑了100場以上的公園路跑，還有一位超人（戴倫・伍德）完成了超過500場公園路跑。由於戴倫參加的公園路跑有一半以上都是在密德瑟斯郡泰丁頓（Teddington, Middlesex）的

灌木公園（Bushy Park），所以如果你此生只打算參加一場公園路跑，那就理應選擇灌木公園——也就是第一場公園路跑開辦的地點。

一切都是從2004年10月2日星期六開始的。在保羅・辛頓－休伊特（Paul Sinton-Hewitt）和其他公園路跑創辦人的帶領下，13名跑者聚集在一起，參加第一次的活動。這場活動最初稱為灌木公園計時賽（Bushy Park Time Trial），沒有人料到它會發展到超出灌木公園的邊界。但兩年之內，最初的13跑者就增加到378人，所以他們決定在另一個地點同時試辦另一場公

跑者在灌木公園的萊姆大道（Lime Avenue）上聽賽前簡報，後面是戴安娜紀念碑。

灌木公園裡預計會有超過1000名跑者。

園路跑。於是，他們帶著有點惴惴不安的心情，於2007年1月6日開辦了溫布頓公地計時賽（Wimbledon Common Time Trial，後來改名為溫布頓公地公園路跑）。同年年底，英國各地共舉辦了七場賽事，甚至還有一場在辛巴威舉行。

參賽者必須先上公園路跑的網站登記報名，印出個人獨有的條碼，他們會在比賽最後掃描條碼記錄時間。灌木公園的起跑點在戴安娜噴泉（Diana Fountain）東邊，絕對不會錯過，因為會有幾百位一起參賽的跑者在那裡開聊。俱樂部跑者參加的人數很多，有本地的也有遠道而來的。事實上，現在已有來自將近1000個俱樂部的超過2萬9000名跑者參加過灌木公園的公園路跑。

曾經到過灌木公園的人會告訴你這裡相當平坦，因此是非常適合創造個人最佳成績的地點（這條賽道的世界紀錄為13分48秒，由英國奧運代表隊選手安德魯‧巴德利〔Andrew Baddeley〕創下）。這裡的路線呈8字形，範圍不超出公園的東北角，混合了各種不同的路面，包括草地、林間小徑和柏油路面。由於這個活動宛如公園路跑界的皇家賽馬會，你可以看到各式各樣的跑者，從菁英運動員到業餘跑者，還有極少數推著幼兒推車跑步的媽媽。無論如何，慣常的簡報一結束，大家的手指就會馬上按在表上，準備起跑。

前排的跑者會衝出去，彷彿在跑100公尺短跑似地，留下沒那麼匆忙的人用稍微徐緩的步伐前進。對我來說，這感覺接近越野賽，參

如果天氣炎熱，林蔭是受人歡迎的喘息機會。

賽者迅速跑過草地，順著夜鶯巷（Nightingale Lane）跑向漢普頓威克（Hampton Wick）的板球俱樂部。繞過板球俱樂部後前往名字取得很恰當的羊腿池（Leg of Mutton Pond），接著向右急轉彎，跑上一條小路，朝桑迪巷（Sandy Lane）的大門前進，然後沿著公園周邊跑，再往公園中心前進，最後轉一個彎抵達終點。

通過終點衝刺通道時會拿到一張名次牌，參賽者將名次牌拿給計時員，計時員會掃描參賽者的條碼（大多數人把條碼做成護貝卡掛在脖子上）。不到一小時，當你在雉舍咖啡館的賽後派對上享用咖啡、慶祝自己達成目標，就會收到簡訊通知你完賽時間、名次，以及是否取得個人最佳成績。

在那一刻，你的公園路跑之魂會再度活躍起來，開始想著是否能夠達到第一個50俱樂部的里程碑。相信我，公園路跑不僅會讓人上癮，而且對很多人來說那是種生活方式，是跑者互相傳遞的禮物。

首要祕訣

- 很多人會把自己的條碼印出來護貝，可以掛在脖子上，否則很容易弄丟。
- 詳細研究路線說明以便熟悉方向，尤其如果你跑得很快的話！

11 小黃瓜挑戰賽

THE GHERKIN CHALLENGE

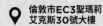 倫敦市EC3聖瑪莉艾克斯30號大樓　〰〰 混凝土臺階　📶 180公尺　📅 9月

www.nspcc.org.uk/what-you-can-do/events/the-gherkin-challenge

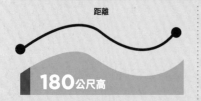

距離

180公尺高

時　分　秒
0 0 0 5 1 4
（已知）最快時間

0 0 0 5 2 6
托拜亞斯的完賽時間

99%
完賽率

雖然小黃瓜挑戰賽是本書中最短的比賽，但卻也是最殘酷的賽事之一，這點實在讓人有點驚訝。你的兩腿會堆滿乳酸，暈頭轉向，肺彷彿著火似地灼痛，簡直就是力竭汗喘、殆欲斃然。而就算比完了賽，你都還會咳上半小時。歡迎來到登高賽的世界！

有人可能會說，英國的高度有限，不論是高山還是摩天大樓，在高度方面都沒有獲得很多讚賞。相信我，區區180公尺高的小黃瓜，比起紐約381公尺高的帝國大廈或臺灣509公尺高的101大樓，真的算不了什麼。但仰望綽號「小黃瓜」的聖瑪莉艾克斯30號大樓（30 St Mary Axe）時，很難想像會有誰想要爬上比這裡的38層樓還要高的大樓。

在英國以外的地方，登高賽大受歡迎，甚至有世界盃登高賽（Towerrunning World Cup）和匹敵的垂直馬拉松世界巡迴賽（Vertical World Circuit）。在這些比賽中，超過10萬名地表最強健的男女幾乎是如履平地似地飛躍上樓，競爭非常激烈。

不像大西洋對岸的老大哥——帝國大廈登高賽（Empire State Building Run-Up）——採取集體起跑，小黃瓜挑戰賽是把梯次錯開，一天之內，選手兩人一組每隔五秒出發，並且鼓勵速度最快的選手先出發，免得要在樓梯上超車。

我向太太告了別。她聰明地搭電梯到頂樓，希望待會在那裡和我碰面。我站在那一梯次的前排，心裡想著到底應該怎樣配速。一次跨兩階顯然很誘人，但會對股四頭肌造成很大的負擔，最後一定會慢下來。另一個選項是一次跨一階，速度可能會相當慢，但至少不會虛脫。

一收到出發的信號，我就像獵犬般往前

180公尺高的小黃瓜是倫敦最有代表性的建築物之一。

首要祕訣

- 無論到哪裡都走樓梯來訓練。
- 在樓梯轉彎處利用扶手推自己前進會有幫助,不過要格外小心。
- 一次跨兩階速度比較快,但也比較累人。

衝，一次兩階地奔上樓梯——雖然我知道最好不要這麼做。賽前有人建議利用欄杆急轉過彎、保持衝力，因為在爬完十樓之後，衝力就會開始衰退。當然，由於比賽地點在緊急避難梯間，所以跑的時候沒有太多東西可看，也沒有家人朋友在旁加油、給予精神上的支持。你只能仰賴分散在不同樓層的全國防止虐待兒童協會志工來給予一些鼓勵——或至少阻止你提前放棄！

幾分鐘後，我的速度開始減慢、大量出汗。我的股四頭肌在灼痛，而且腦袋有點暈，空氣不太流通應該也是個因素。一次跨兩階果然讓我筋疲力盡，所以我改成一次一階，這突然讓我感覺很奇怪。但我真的逐漸趕上了那個和我一同起跑的年輕人，他在幾分鐘前不見了蹤影，實在令人焦慮。他的腳步和喘氣聲是顯示我不孤單的唯一跡象。等到我超越他時，年輕的熱情已經讓他付出了代價。他看起來疲憊不堪——和我一樣！

感覺彷彿過了好幾個鐘頭（但實際上只有5分26秒）之後，我爬上1037個臺階的最後一階，在第38樓冒出來，幾乎直接就跌進了我太太的臂彎。喘氣之餘，我還狂咳了一陣，同時驚奇地看著倫敦在我腳下展開。如果要一個人爬上市內的摩天大樓，那麼在頂樓遠眺風景配一杯香檳，會是非常值得的動力。

爬了垂直高度將近180公尺的38層樓之後，就是終點線。

12 倫敦馬拉松 THE LONDON MARATHON

📍 英國倫敦市　〰 馬路　📅 4月　🌐 www.virginmoneylondonmarathon.com

距離

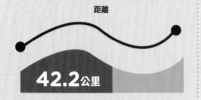

42.2公里

時　分　秒

`0 2 0 4 2 9`
（已知）最快時間

`0 2 4 9 5 8`
托拜亞斯的完賽時間

98.7%
完賽率

「以前只有輕度發瘋的人才會去跑馬拉松，」賽事總監休·布拉歇爾（Hugh Brasher）曾經說過，「但現在跑步已經是英國第二受歡迎的休閒活動。」

如果有一項比賽協助提高了這個統計數據、創下了許多世界紀錄、即使跑步熱潮不再也還維持得不差，那就是倫敦馬拉松──創辦者正是休的父親，也就是奧運金牌選手克里斯·布拉歇爾（Chris Brasher）。這是我家鄉的馬拉松，參賽六年來，我已經逐漸愛上了這項賽事。倫敦馬拉松名列世界馬拉松大滿貫之一，毫無疑問是非常重大的馬拉松賽，2003年寶拉·拉德克里夫（Paula Radcliffe）就是在這裡創下了女子馬拉松的世界紀錄：2小時15分25秒。

自1981年首次舉辦以來，已有超過90萬人完成這項比賽。由於獲得參賽資格非常困難，這個統計數字相當驚人。多年來抽籤系統改過很多次，現在必須在前一場比賽結束後兩週內報名，到10月才知道是否幸運中籤。

另一個選項是透過慈善機構來申請，這也是我2005年第一次參加倫敦馬拉松（我生平第一場馬拉松賽）取得參賽資格的方法。有數百個慈善機構以倫敦馬拉松為重要的募款活動。這是全世界規模最大的年度募款賽事，許多人都採用募款的行動方案，所以這個賽事目前募得的款項已經創了金氏世界紀錄，募集到7億1600萬英鎊，而且還在持續增加中。不過，要提醒各位注意一下：募集最低金額（我必須募到1500英鎊）可能比練跑本身的壓力還大。

最後一個選項是給那些籤運不佳但有一點點跑步天分的人。你可以想辦法取得「成績門檻」類別的資格，只要馬拉松成績低於3小時05分（不到40歲的男性），或3小時45分（女性）就能達標。假如這些選項都行不通，還可

在倫敦塔橋上跑步絕對是這場比賽最精采的亮點之一。

以透過英國田徑相關的跑步俱樂部申請,這些俱樂部會分配到一些保證名額。

先是像瘋子一樣訓練,然後跑到倫敦最深、最暗、最遠的地方去領了號碼布後,你就必須前往出發地點。幸好,讓人稍感安慰的是,所有跑者都能從查令十字站(Charing Cross)、滑鐵盧東站(Waterloo East)、加農街站(Cannon Street)、倫敦橋站(London Bridge)和維多利亞車站(Victoria)免費搭乘朝東南行駛的火車前往出發地點。

雖然大多數俱樂部和慈善團體的跑者會自豪地展示各自的運動背心,但這項賽事也很歡迎奇裝異服。會有數以百計的人以自己選擇的主題來打破金氏世界紀錄,管它是超級英雄還是犀牛(有人甚至背了一臺冰箱!)。可惜的是,現在有八小時的完賽時間限制,意思是那些想穿著累贅服裝(例如古董深海潛水衣)的人可能得另尋賽事了(洛伊德・史考特〔Lloyd Scott〕在2002年花了5天又8小時)。

我似乎不曾跑過一場比賽是不管哪一段賽道的兩側都擠滿支持者的——總人數經常超過百萬。你會經過抓著啤酒瓶歡呼的深夜狂歡客、熱情招呼自己跑者的慈善攤位、跑步俱樂部、親朋好友。許多人會一大清早就去尋找最佳觀賽地點,以便一睹為事業而跑的菁英跑者以及名人、俱樂部跑者、慈善團體參賽者,還有殿後的犀牛群。

這也是個極適合觀光的比賽,參賽者會經過許多眾所周知的地標:皇家炮兵軍營(Royal Artillery Barracks)、倫敦眼(London Eye)、國會大廈(Houses of Parliament)、倫敦市區、金絲雀碼頭(Canary Wharf)、倫敦塔橋(Tower Bridge),當然還有白金漢宮——這還只是略舉一二。而且由於這賽事會在196個國家播送,你可以看到許多影片攝製人員,還有直升機在頭頂上飛,令人印象相當深刻。

由於支持者眾、氣氛熱烈,這個賽事應該非常適合創下個人最佳成績。雖然賽道不是特別平坦(有幾段斜坡可能會讓你速度減慢一些),但有很多補給站提供水和運動飲料,還會有支持群眾不斷歡呼你的名字(如果你有把名字寫在T恤上的話),絕對足以支撐你勇往直前、超越終點線。

終點剛好在倫敦最著名的一條路——林蔭路上,有白金漢宮當背景,所以跑過最後一段賽道時,就算你的四頭肌不太開心,你還是會覺得棒透了。領到夢寐以求、努力奮鬥得來的獎牌和禮品袋(內含一件均碼的T恤)後,當家人朋友問你感覺如何時,希望你會笑得合不攏嘴,心想自己究竟為何沒有早點參加這場比賽。

首要祕訣

- 多留些充裕的時間前往出發地點(大眾運輸可能會很擁擠)。
- 在跑步衣上寫名字,這樣支持者就可以呼喊你的名字為你加油。

在最後幾公里處的國會廣場附近,觀賽群眾為選手加油。

初學者路線

13 綠帶接力賽 GREEN BELT RELAY

📍 英國大倫敦地區 〰️ 人行小徑、山徑、馬路 📶 1769公尺（估計） 📅 5月 🌐 www.greenbeltrelay.org.uk

距離

352公里

時 分 秒
2 1 2 8 0 0
最快時間（賽道紀錄）

99%
完賽率

跑步的眾多好處之一是給人充分的理由加入俱樂部，尋找擁有同樣熱情、志趣相投的人。綠帶接力賽正是實踐這整個概念的絕佳比賽，這場22站的接力賽就是為跑步俱樂部而設計的。這個想法在1995年萌芽，當時倫敦的掉隊者跑步俱樂部（Stragglers）籌畫了一條在倫敦外圍綠帶圈的賽道，全長352公里要在一個週末跑完。

你若覺得這聽起來很恐怖，別擔心！每個俱樂部都會推舉出一支11人的隊伍，通常會有大約35到50支隊伍參賽。在星期六和星期天，每個跑者負責11站中的一站，最長的是21公里多，最短的不到10公里。儘管團隊精神和偉大的同志情誼是這項賽事的真正支柱，不過俱樂部之間競爭激烈是意料中的事。

跑者本身水準不一，一般說來各站會依照每個人的實力來分配。為了公正平衡起見，難度共分10級，每站的難度等級不同。我朋友知道我是個自虐狂，因此星期六那天，我發現自己分配到從小馬洛（Little Marlow）出發的19.5公里賽段，難度是10。每次都這樣！

事實證明這站一點也不輕鬆，往上繞過高維康（High Wycombe）、穿越壯麗的契爾屯丘陵（Chilterns）。不過一旦找到了節奏，我就開始盡情享受。我估計，這個賽段80％都是越野路面，順著人行小徑、騎馬專用道或安靜的鄉村車道前進。雖然標示清楚，但不代表你絕對不會迷路！所以最好把路線下載到GPS上並且帶張地圖，以防萬一。

會有小巴士接載每位跑者到他們的起點和終點站，跑者在終點與俱樂部同伴會合，交流各自的經歷，用應得的點心飲料填飽肚子。到星期六晚上，各俱樂部暫時分道揚鑣，準備入住舒適的旅館，享用豐盛的餐點，為星期日早上的第二日賽事做準備。參加這類型的賽事，必然得花不少的時間在小巴士上。有些隊員很感激可以先跑，這樣接下來的時間就能休息，但你若是最後一名跑者，當然就可能要等上很

接力賽起點在漢普頓宮（Hampton Court Palace）。

長的時間。

巴克斯山我再熟悉不過，毫無疑問有非常多斜坡，但仍然是我最愛的跑步路線之一，每次到那裡都能欣賞到新的事物。因此星期天分配到這個賽段，我非常高興。我的這段路線大多沿著北唐斯丘陵路（North Downs Way）前進，難度排在9/10，讓我的報名費花得十分值得。到了傍晚，當最後一名跑者從沃爾頓橋（Walton Bridge）出發前往終點站時，他就只要全速回到距離漢普頓宮不遠的霍克中心（Hawker Centre）就好。

和往常一樣，終點的氣氛一片歡騰。主辦單位計算接力賽中每位跑者的速度，加總之後決定出優勝隊伍。這回優勝的不是我所屬的俱樂部——克拉彭追逐者（Clapham Chasers），我們排第四名。但不管拿到第幾名，我們每一個人都跑得很開心。畢竟，能在一個週末之內繞著倫敦綠帶圈奔跑的機會不多吧？

首要祕訣

- 預先研究自己的賽段，因為匆忙中很容易轉錯彎。
- 雖然可以自行組隊，不過加入有安排後勤補給經驗的俱樂部會輕鬆很多。

初學者路線

14 生命之翼全球路跑
WINGS FOR LIFE WORLD RUN

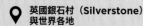

英國銀石村（Silverstone）
與世界各地　　　　　　馬路　　　　　　　5月　　　　www.wingsforlifeworldrun.com

距離

平均距離**15公里**

0079.90 公里
優勝距離（全世界）

0069.37 公里
優勝距離（英國）

0038.00 公里
托拜亞斯的距離

99%
完賽率

任何跑過超級馬拉松的人都會告訴你，跑步既是比體力，也是比精神：早在身體開始抗議前，大腦就會叫人放棄了。所以倘若真想測試自己身體和精神上的毅力，那麼生命之翼全球路跑可能就是你要找的。

我上一次到銀石跑道時，看了許多一級方程式賽車繞著賽道呼嘯，奮力爭奪賽道上的最佳位置。如今，我自己和645名跑者一起站在起跑線上，在正式出發時間（上午11點）之前緊張地交談。同時停在起跑線上的是一輛閃亮量的白色荒原路華Discovery，我們每一個人在比賽結束前都會再見到這輛車。

生命之翼全球路跑橫跨六大洲32個國家13個時區，如同比賽名稱所暗示，不是只限我們這些聚集在銀石賽道的人。在我們排隊時，有多達4萬5000名跑者，年齡介在18到91之間，也同時參與了這項全球活動。這不僅是全球性

的比賽，而且有個十分獨特的規則。

「你希望跑多遠？」在活動肢體時我問我的朋友賽門。

「我完全沒有想法，」他告訴我。「我只知道如果我們想跑一場馬拉松的距離，就得在3小時08分鐘內跑完。」

賽門的馬拉松個人最佳成績是2小時37分，我也跑過好幾次不到3小時的成績，所以這不是什麼不切實際的目標。但我們都沒有考慮到這條賽道非常多丘陵，也沒計算到前面提到的「規則」對精神造成的影響。

這個比賽沒有靜止的終點線！反之，會有一輛「終結者號」（Catcher Car）來追趕我們，把跑者一一淘汰，直到英國只剩下一名跑者，而最後全世界只會剩下一位跑者。

如比賽前體育總監尼克・格雷西（Nick Gracie）向我解釋的：「『終結者號』是個很

棒的概念，會讓比賽在精神上更有挑戰性。你必須真的全力前進，而不是以你自己認為的極速前進。」

上午11點一到，我們就像一群飛奔的瞪羚般衝了出去，拚了命地繞著銀石跑道跑。然而，我們的熱忱可能有點過早，因為「終結者號」要再過30分鐘才會出發。

比賽進行了8.5公里後，我們離開跑道，往北朝銀石村和更遠的地方前進。這條100公

首要祕訣

- 計算出自認能夠跑到的距離，把那當成目標。
- 做好精神上的準備，這比一般比賽來得困難。
- 記住：這是在為脊髓損傷的300多萬人籌募資金。

不論跑得多快，追捕車終究會趕上，有的人會比其他人早上車。

里的路線──100公里是最遠的距離──會以逆時針方向繞一圈，沿著無車的封閉道路穿越北安普敦郡（Northamptonshre）的鄉村。起初，我們在當地居民的加油打氣之下飛快前進。氣氛相當輕鬆。但討人厭的丘陵和暖和的天氣結合在一起，代表一、兩小時後我們的速度就慢了下來。接著賽門宣告他受夠了，並慫恿我繼續前進。

這時，我打的是一場心理戰：停下來等車子追上我會很輕鬆。「終結者號一定很快就會追到我了，」我心想。我已經準備要坐上專門載運落後者的「接駁巴士」。接著我提醒

自己，我是在跟全世界賽跑，而且是為了幫助慈善機構──生命之翼脊髓研究基金會，這賽事就是以基金會的名字命名。由於知道在紅牛的贊助下，比賽100%的收益都會捐給慈善機構，我又受到了激勵。

最後，就像躲不掉的死亡和稅金一樣，車子從後面逼近我。早在我看到之前就聽見了喇叭聲。儘管我企圖加快步伐跑贏車子，但這終究是一場必敗之戰。但真正讓人想哭的是，

右頁：北安普敦郡的銀石賽道。

下：終結者號追上跑者。

我在38公里處被追上，這個距離只有全球優勝者的一半。我甚至連一場馬拉松的距離都沒跑完。不過當我跳上巴士時，其他跑者居然以熱烈的掌聲歡迎我，原來我是跑道上僅剩的第13人！後來，我發現我是全世界第375名。

這場比賽的重點在於你不知道終點在哪裡：參賽者可能跑得比自己想的還遠得多，或者和我一樣，比自己想的少很多。不管怎樣，這兩種情形總會有一種發生：你不是體力耗盡，就是被車子追趕上，雖然假如命運為所欲為，車子也有可能燃料耗盡。

15 殭屍追逐賽
ZOMBIE EVACUATION RACE

📍 英國各地　　⬜⬜⬜ 不一定　　〰〰 山徑

📅 10月

🌐 **zombieevacuation.com**

距離

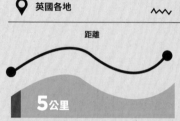

5公里

000002ND
托拜亞斯完賽名次（倖存者）

99%
完賽率

這不是我第一次盯著殭屍的臉，按目前情況來看也不會是最後一次。他臉上塗滿鮮血，對我齜牙咆哮，然後發出一聲痛苦的尖叫。這可能是因為他失去了左手臂，也可能是因為他發現自己困在樹林裡找不到出路。我衝向他，先假裝向右移動，然後往左邊跑，避開他的致命魔爪。

殭屍追逐賽變得大受歡迎，現在幾乎已經成了一個獨立的運動項目。這項比賽的不尋常之處（除了明顯的殭屍因素之外）是對許多人而言，這是他們生平參加的第一場賽跑。他們覺得一般競賽性質的5公里或10公里賽沒啥意思，但被殭屍追的想法卻似乎很有趣。此外，這場比賽必須有一大批殭屍志工，這其實是它的一個主要賣點。所以你若想讓家人參與自己週末的愚蠢活動，就可以報名參加，然後讓家人打扮成殭屍來追你。這方面會有專業化妝師協助，他們能把最低調、最迷人的人改造成一臉死相的怪物。再上個一、兩堂課，教他們怎麼發出令人信服的呻吟聲、哀嚎聲、嘶嘶聲和低吼聲，他們就會變得非常具有說服力。

不過，你若是這本書的讀者，那你應該會更想參賽而不是扮殭屍追人，所以我們就來談談活動本身。在抵達賽場時，國王陛下的「皇家裝甲殭屍爆發應對單位」（RAZORs）的奧姆羅德中士（Sergeant Ormroyd）會出來迎接，遺憾地告知你（好像這是意外似的）由於殭屍疫情爆發，國家已然處於封鎖狀態。你獲救的唯一希望是抵達「疏散區」——剛好在5公里外。主要的問題是，這條路上滿是障礙

殭屍醫護人員在追逐托拜亞斯。

專業化妝師幫忙創造出非常逼真的殭屍。

物和一群群殭屍，他們全都想「咬」你，把你變得跟他們一樣——只要摘掉參賽者身上的三個生命標籤，他們的目的就達到了。生命標籤是會發光的魔鬼氈小標籤，黏在參賽者的腰帶上。參賽者很快就會發現這是一場嚴酷的考驗，唯有「最適者能生存」、贏得倖存者獎牌。失敗者則會獲得「感染紀念章」，然後被送到「中和區消滅」。

雖然一開始有奧姆羅德中士和他的士兵帶領，讓人有種虛假的安全感，但你幾分鐘之後就會遭到攻擊。從那一刻起，你就只能自己死裡逃生。

我參加第一屆殭屍追逐賽時，是在東薩塞克斯郡（East Sussex）的皮平佛公園（Pippingford Park）舉行，現在則是在倫敦NW4綠地巷的安聯公園體育場（Allianz Park Stadium）。當時我自然是沒有殭屍追逐賽的

有些殭屍比其他的難纏。

經驗，也不知道避免遭到感染的策略。由於我比其他大多數參賽者稍微強健一點，所以我很快就發現自己一個人面對著20個殭屍，全都迫切地想咬到第一口肉。跳過障礙物、跑過大片泥濘的土地已經讓我疲憊不堪，接著還要跟殭屍玩急速狂奔的遊戲，實在太累了，所以我終究失去了所有的命。這除了代表我已經受到感染外，也讓比賽變得比較無趣，因為我基本上已經不是在「逃命」了，而是單純在跑一段艱難的5公里路。但若真的失去了一條命或者三條全失，你還是可以尋找隱藏的醫療包，裡面有可以讓你恢復一條命的疫苗——只是一直有武裝的殭屍要咬你，這事談何容易。

　　無論你喜歡變裝還是純粹喜歡恐懼帶來的

首要祕訣

- 別太快衝出去，否則會發現自己孤立無援。
- 擁抱這個活動的本質，追求樂趣而不是競爭。
- 準備渾身沾滿假血！

刺激，殭屍追逐賽大概都是所有5公里賽中最好玩的。這個比賽不會假裝自己多嚴肅，所以你也不用太認真。若是擁抱活動的精神，包你一路大笑嚎叫到終點——希望是以「倖存者」的身分。

巴黎馬拉松

📍 法國巴黎　　〰〰 馬路　　　　　📅 4月　　🌐 www.schneiderelectricparismarathon.com

距離

42.2公里

時　分　秒

0 2 0 5 0 4

（已知）最快時間

0 2 5 5 0 0

托拜亞斯的完賽時間

98%
完賽率

「加油、加油！托拜亞斯！」一個法國人在香榭麗舍大道旁邊的人行道上對我大喊。他幹勁十足的加油聲讓我有點吃驚，因為這場巴黎馬拉松我才跑了幾分鐘，還有41.6公里左右。不過這裡是法國，加油基本上是全民的消遣活動，無論是對跑者，還是對環法自行車賽的自行車選手（這個更常見）。

巴黎馬拉松可以說是倫敦馬拉松的對手，兩國以隧道相連，兩座首都有火車相通，兩邊的比賽都有4萬多跑者在街道上奮力奔跑。不過相似之處只到這裡。

以前要拿到巴黎馬拉松的參賽名額比拿到倫敦的容易，所以如果沒抽中倫敦馬拉松，巴黎馬拉松是絕佳的替代方案。但過去幾年來，跑者已經愛上了這場非常棒的馬拉松賽，因此場場滿額。今日，報名時間分成三波，你必須把握其中一波申請。名額最多的那一波是在賽後的四個禮拜期間。不過這必須搶快，因為在2015年，超過2萬2000名跑者在短短90分鐘內就搶光了2016年的名額。第二波則是在9月，報名費通常會上漲20　歐元左右，但搶奪名額的競爭還是同樣激烈。

按法國的習慣，法國參賽者必須有參賽許可證（可以從跑步俱樂部取得），以及有效期限為一年的體檢證明，可以從醫生那裡拿到。海外參賽者則需要有效的體檢證明，可請當地的家醫科醫生開立，證明身體健康可以跑步。開立證明的費用完全取決於醫生，我從15英鎊到60英鎊都付過。到凡爾賽門站（Porte de Versailles）的跑步沙龍（Salon du Running）博覽會領取號碼布時，這些文件必不可少。家醫科醫生開給你的體檢證明或許價格高昂，但還能再派上用場，因為博覽會非常善於慫恿人參加更多法國的比賽。

這場賽事和環法自行車賽一樣，都是由阿莫里體育組織（ASO）籌辦的，非常盛大，其隆重程度絕對不會讓你失望。不過由於起跑點在香榭麗舍大道，你一定要留下充裕的時間前

很難有什麼比從香榭麗舍大道起跑更美好的了。鼎鼎大名的凱旋門就在後面。

往那裡。你可以想像那種感覺：和另外4萬名跑一起從鄰近的地鐵站湧出，就像從下水道跑出來的老鼠。不過一旦走到陽光下，和其他跑者一起在凱旋門穿梭，你絕對會感受到身在巴黎的無形激動。

　　如果你還沒上廁所，現在正是時候。因為參賽者的梯次是根據個人企圖追求的完賽時間安排的（如果希望分配到三小時內完賽的梯次，則必須拿出證明），所以速度較快的跑者會發現自己離流動廁所非常遙遠。這時會講法文就很有用了，因為我親身體驗過：我哀求附近咖啡館的老闆可憐可憐我，而他也大發慈悲，我讓我進去借廁所。

左：有3萬多名跑者參賽，你絕對不會落單。除非你是優勝者！

右頁：賽道經過巴黎的許多地標，但最顯眼的還是艾菲爾鐵塔。

首要祕訣

- 要提早取得當地家醫科醫師開的體檢證明。
- 預先安排好住宿，因為有很多海外參賽者，許多旅館很快就會訂滿了。

可想而知，這種規模的馬拉松一定有配速員——期望在3小時到4小時40分之間完賽的人，配速是每15分鐘4公里。我自己也在別的比賽中擔任過配速員，感覺很不可思議，居然有這麼多人仰賴你帶他們到終點。士氣的另一個來源則是惡名昭著的藍線，它標示出來的路線恰恰是分毫不差的42.195公里。只要沒跑在藍線上，你本質上就是在繞遠路。不幸的是，雖然藍線理論上應該能維持至少幾天，但如果天氣不好，你可能會發現好些地方已經磨損。

巴黎市中心是個不折不扣的觀光熱點，而春天又是最美的季節。在比賽的前半段，你會經過羅浮宮（Musée du Louvre）和巴士底廣場（Place de la Bastille）等知名景點，再進入文森森林（Bois de Vincennes），這是巴黎最大的公園，可以看到文森堡（Château de Vincennes），也就是古代法國國王的居所。在這個熱愛本國食物的國家，可以想見補給站有豐富的營養美食，從蘋果、柳橙到堅果和方糖應有盡有。不過由於通過的跑者數量龐大，補給站也可能有點像一場擁擠的派對，你得努力避免踩到滿地的香蕉皮、橘子皮和空杯子。

在比賽的後半段，你最後會再度經過巴士底，然後沿著塞納河經過巴黎聖母院和奧賽美術館（Musée d'Orsay）。在這裡，你會暫時進入協和廣場（Place de la Concorde）底下的隧道，那裡看上去彷彿有人在舉辦某種「瘋狂派對」，之後再從另一頭出來，往大皇宮（Grand Palais）的方向去。當然，在巴黎跑馬拉松，若沒看到令人驚嘆的艾菲爾鐵塔就不算完整。鐵塔在29公里處，正是參賽者可能開始有點疲乏的時候。通過這裡，就剩下第16區的布洛涅森林（Bois de Boulogne），然後就是終點了。

你可以理直氣壯地說，巴黎馬拉松是這麼成功的首都賽事，規模又是全球數一數二，理應名列世界馬拉松大滿貫，尤其還有42%的參賽者來自國外，有多達150個國籍的人參與。但儘管沒有列入大滿貫，這場賽事在過去40年來還是獲得了驚人的成功。畢竟這場馬拉松可是穿越了世界最美的城市！誰不會在通過凱旋門的終點線時哼唱「我愛巴黎」呢？

17 開曼群島馬拉松
CAYMAN ISLANDS MARATHON

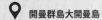 開曼群島大開曼島　〰〰 馬路　　📅 12月　　🌐 www.caymanislandsmarathon.com

距離

42.2公里

時　分　秒
0 2 3 6 2 3
（已知）最快時間

0 3 0 8 5 0
托拜亞斯的完賽時間

86%
完賽率

倘若有機會，有哪個愛好跑步的人會拒絕在12月中到一個陽光明媚的溫暖島嶼上參加馬拉松？況且還有額外的好處：這座島上有美麗的白色沙灘，會是完美的度假或蜜月地點。在這種情況下，答案絕對只有一個。

令人高興的是，富信開曼群島馬拉松迎合了所有人的興趣、能力與偏好。這項賽事在大開曼島（Grand Cayman）舉行，是仍屬於英國海外領地的三座加勒比島嶼中最大的一座。這一年一度的馬拉松是每年的一大盛事，有大約1200位當地居民參與，還有來自全球各地的跑步愛好者。

共有三種類別可供選擇：馬拉松接力賽、半程馬拉松或全程42.2公里。路線不僅風景優美，還非常適合不喜歡上下坡或想追求個人最佳成績的跑者，因為地勢大多平坦。

無論選擇哪種距離，比賽都是清晨5點在首都喬治城（George Town）開始。為了準時站上起跑線，你3點半就會被旅館鬧鈴服務喚醒。我必須老實說，這會讓身體系統有點受到驚嚇，因為我們已經進入放鬆模式。不過起跑線附近有上千名參賽者走來走去，興奮之情毋庸置疑。除了參賽群眾外，還有數以百計的支持者（島上參賽者的親朋好友）凌晨就起床來加油。我補充說明一下，他們的支持是非常熱烈的，擴及所有的外國遊客。這樣的比賽開場更接近跑步俱樂部的社交派對之夜，感覺非常棒。

全程要繞賽道兩圈，出發時我跟平常一樣急切地擠進領先群，但我很快就明白了為什麼這場比賽要在黎明前起跑。氣溫開始迅速上升，而且我很快就發現，由於輕微的時差加上炎熱（就算是清晨5點也有接近30度），我的速度變慢了。事實上，有那麼一、兩分鐘，我

從空中俯瞰大開曼島。

右頁：炫耀我們剛
拿到的完賽獎牌。

右：有時你會很想
偏離跑道，跳進美
麗的大海。

每隔3.2公里就有一個。食物飲料總是非常美味，選手停在每一站都受到熱烈歡迎。主辦單位請跑者票選出最優的補給站，因此有些會使出渾身解數，穿著各式各樣的奇裝異服給人留下深刻的印象。這個原因，加上賽道兩旁歡呼的觀眾，支持我不斷前進。必須承認，我無比慶幸這條路線真的很平坦，因為要是斜坡太多，我應該不會太開心。

跑完第一圈的半馬時，我還穩居第二，和第一名有些距離。但之後狀況就變得不太對勁。雖然我拼盡全力，卻還是漸漸滑到了第三名。我堅守這個名次，儘管兩條腿已經逐漸放慢速度，變成了一種活塞般的怪異運動，產生的與其說是速度，不如說是純粹的耐力。或許我高估了自己的狀態，在如今看來為期很短的五週內參加了第三場馬拉松賽，所以我的身體大聲抗議了。

到終點時我通常不喜歡有什麼誇張的表現，但這次當我越過終點線時，我只能渾身癱軟地倒在旁邊的一張椅子上，並在那裡拿到了我所見過最大、最重的一個獎牌。光是要把獎牌掛到脖子上就十分吃力。但我還有足夠的體力和妻子湛安一起漫步到那片非常迷人的白沙灘，踩踩溫暖的海水消除疲勞。這座島嶼之美和群眾的熱情接待，加上可以在寒冷的12月逃到陽光下，讓它成了一場可以盡情享受的比賽。比賽開始前，有個英國跑者告訴我說他已經參加六次了。沿著七哩灘散步回去時，我明白了他為什麼會參加六次——只是我下次可能會報名接力賽！

巴不得自己跟我那明智的太太一樣是選擇半程馬拉松。所幸還有一些慰藉，第一個是隨著光線和熱度逐漸增強，我能瞥見不遠處那誘人的潔白沙灘。「待會，」我不斷告訴自己，「我待會就能去那裡了。我待會就可以在那湛藍的大海裡游泳了。」目前而言，我只管堅持不懈地前進、確保沒被太多人超越就好。

另一個慰藉是特別值得稱讚的補給站，

首要祕訣

- 雖然是在12月，但別低估了那裡的溫度：就算是一大清早也可能熱到攝氏30度！
- 利用這賽事來度個假（或甚至度蜜月），這裡有很多可看可做的事。

自虐狂路線

18

自虐狂路線

紐約馬拉松
NEW YORK CITY MARATHON

📍 美國紐約市　　∿ 馬路　　📊 269公尺　　📅 11月　　🌐 www.tcsnycmarathon.org

距離

42.2公里

時　　分　　秒

| 0 | 2 | 0 | 5 | 0 | 5 |

（已知）最快時間

| 0 | 2 | 5 | 7 | 2 | 3 |

托拜亞斯的完賽時間

99%
完賽率

來到紐約馬拉松的起跑區史坦頓島（Staten Island），你若覺得自己到了難民營，那也是情有可原的。放眼所及，跑者身上都包著舊運動外套、阿公阿嬤送的多餘連身衣、不要的急救毯、舊羽絨被和破舊不堪的睡袋。有些人甚至帶了硬紙板來坐。而且幾乎每個人都取用了免費發放的刷毛帽——就算戴起來像小丑也一樣！

參加像紐約馬拉松（世界規模最大的馬拉松）這樣的比賽，不只是在方框裡打個勾，而是一場完整的體驗。造訪大蘋果非常令人興奮：在這裡，豪華大轎車和自行車一樣常見，小黃到處亂竄，人孔蓋冒出蒸汽，帝國大廈高聳在城市上方。然後還有中央公園、自由女神像等等，不勝枚舉。

基於本身的性質，大城市的馬拉松路跑往往相對較為快速平坦。而紐約馬拉松第一次舉辦是在1970年，是世界馬拉松大滿貫之一，應該和其他的城市路跑沒什麼兩樣。只是這場比賽是在11月舉行，所以有三大變數，可能會阻礙選手打破個人最佳成績：橋梁、風，以及冷颼颼的氣溫。這聽來可能沒什麼好讓人驚惶的，不過相信我：對於和我同時參加2014年版紐約馬拉松的大約5萬跑者來說，在回答「跑

得如何？」時，這三個因素可重要了。

然而，幾天前在博覽會上領取號碼布時，沒有人會去想這些。大多數人只是陶醉地想著：在11月的這個週末，紐約會變成一個跑者城市。你絕對不可能認不出他們，因為幾乎每個跑者都會購買由亞瑟士贊助的某種形式的紐約馬拉松紀念品。

一聽見砲響，你就知道該跑了，毛線衣、連身衣和舊T恤全都一氣扔掉。有人提醒我，最初大約10公里不要衝太快，但幸好這絲毫不成問題。一抵達1.6公里長的維拉札諾海峽大橋（Verrazano-Narrows Bridge），我們就好像置身一個風洞中，時速64公里的逆風迎頭襲來，簡直就像水壩洩洪的水。即使跑在一些塊頭較大的跑者後面也沒有多大的擋風效果，風依舊穿透我的運動背心，就像沙子滑過指間。

如同戰友馬拉松（參見第130頁）的重心是五大山丘，紐約馬拉松的重點是史坦頓島、布朗克斯（Bronx）、布魯克林（Brooklyn）、皇后（Queens），和曼哈頓（Manhattan）這五大行政區，跑者每一區都會跑過。對第一次到紐約的人來說，觀賞各行政區不同的建築風格十分有趣。但最值得注意的是支持群眾——彷彿每個行政區都想勝過其他區似的。我特別喜歡布朗克斯的歡迎方式，有張標語牌寫著：「歡迎來到布朗克斯。現在趕快滾出這裡吧！」

前面已經提到，橋梁在這比賽中扮演了

參賽者要越過的第一座橋是接近起跑點的維拉札諾海峽大橋。

重要角色。有些人可能會說，橋梁是從不同角度看這座城市的絕佳機會，有些人則會說橋梁代表痛苦的上坡路（這點我和他們看法一致）。最糟糕的是皇后區大橋（Queensboro Bridge）──連接長島市和曼哈頓、長2.27公里長的結構。等我跑到最後一區曼哈頓的時候，我簡直高興得可以親吻地面──因為我實在太感激自己終於擺脫橋了！

在這之後，只剩第五大道（Fifth Avenue）的風洞要對付，然後就能抵達有摩天大樓包圍的中央公園了──與剛才經歷過的相比，這裡簡直有如天堂。我迂迴曲折地穿過公園跑向終點，感覺彷彿置身電影場景，腦中頓時浮現許多著名的鏡頭，都是在這341公頃綠樹成蔭的公園裡拍攝的。參加這場世界最盛大的馬拉松賽，不管你如何張揚、如何逞能，都是值得的！

首要祕訣

- 利用事先安排好的交通方案前往起跑區，比搭乘大眾運輸工具方便很多。
- 因為比賽在11月，所以要多帶些可拋棄的保暖衣物在起跑前使用，也可以考慮戴著帽子跑。

左頁：路線沿著第五大道穿越曼哈頓的中心。

下：跑者跑過皇后區大橋，這是賽道上最長的一座橋。

19 自虐狂路線

皇后鎮
國際馬拉松
QUEENSTOWN INTERNATIONAL

 紐西蘭皇后鎮　〰〰 山徑、馬路　　　440公尺　📅 11月　🌐 www.queenstown-marathon.co.nz

距離

42.2公里

時　　分　　秒
`0 2` `3 3` `4 1`
（已知）**最快時間**

`0 2` `5 9` `0 9`
托拜亞斯的完賽時間

99%
完賽率

你若曾想過要去紐西蘭玩，那你很可能就聽過皇后鎮。對南半球的山岳運動愛好者來說，這裡是他們的瓦爾哈拉（Valhalla，北歐神話中的英靈殿）。這個鎮幾乎散發著一股冒險的氛圍，志趣相投的人如飛蛾撲火般聚集在這裡，從事健行、山徑越野跑、自行車、登山車、爬山、泛舟、高空彈跳、滑翔翼等活動，或者單純享受其他無數運動項目的樂趣。不過在2014年11月之前，這個小鎮始終缺乏一項運動：屬於自己的馬拉松。當然，高山上有很多讓人翻山越谷的比賽，不過卻沒有真正在皇后鎮附近舉行的比賽。

因此聽到第一屆紐西蘭航空皇后鎮國際馬拉松時，我立刻報了名，即使場地遠在1萬7600公里外的世界另一端。這場比賽山徑占

70%，其餘則是柏油路面，風景將會「無比美麗」。再加上舉行時間是在11月底，正是紐澳的初夏，我很樂意曬點太陽。這對我來說是個大好機會，可以到南半球頗具代表性的城鎮參加快速激烈的山徑越野馬拉松。

比賽由紐西蘭航空贊助，主辦單位拉加代爾無限公司（Lagardère Unlimited）不只非常希望吸引來自皇后鎮以外的跑者，也想吸引海外跑者。拉加代爾也負責 ITU世界鐵人三項系列賽，他們顯然有什麼事情做對了，因為才第一年，這個比賽不只在報名截止好幾個月前就完售，還超過了他們的五年目標，吸引了跨越不同距離、為數驚人的6000名跑者。在馬拉松界，這項賽事才剛起步，卻已一舉揚名，成為跑者列入夢想清單的一項比賽。

由於賽道是點對點，接駁巴士會把參賽者從皇后鎮中心載到位在密爾布魯克度假村（Millbrook Resort）的起跑點，這是紐西蘭名聲最響亮的高爾夫球場之一。途中正好有機會看到跑步路線會經過的許多景點，包括幾座大模大樣的山，讓接駁車上跑者看了不禁咒罵了幾聲。此外我也憂慮地注意到，有一片不祥的雲朝我們飄來，彷彿電影《魔戒》裡的一景——順帶一提，《魔戒》就是在這個地區拍攝的。

比賽的文宣說「賽道大多平坦，跑

上：即使天氣不佳，皇后鎮周遭的景色還是美得令人屏息。

下：皇冠與卓越山脈始終在後面。

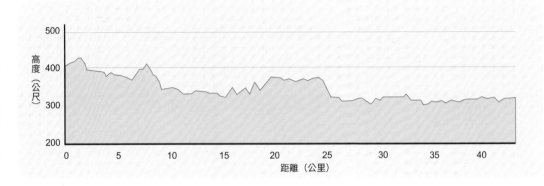

起來速度快，但也有一些起伏來維持比賽的趣味」——其中的關鍵詞是「起伏」。當然，在皇冠山脈（Crown）與卓越山脈（Remarkable）的環繞下，出現一、兩座小山也不讓人意外。但看著路線的剖視圖，它卻給人非常平坦的錯覺，甚至幾乎像是下坡。問題就在於事實並非如此。這些「起伏」是又短又陡峭的山坡，跑一會兒就會讓人呼吸困難，像肚子挨了一拳似的，並且失去大量的腿力。每上下一次斜坡，你不只會覺得體力衰退，還會喪失保持穩定速度的能力，偏偏這在大多數馬拉松賽中都是極其重要的。

　　雨勢開始緩和一些，雲層有時散開，讓我們可以看到壯觀的美景。我們經過淘金小鎮箭

下：海耶斯湖。

上：有一段賽道是海耶斯湖的湖畔小徑。

鎮（Arrowtown），鎮上古樸別緻的商店、咖啡店和旅館都設計得彷彿仍在19世紀，之後再跑向海耶斯湖（Hayes Lake）與專門建造的山徑。

每個補給站相隔7公里左右，正好都在你最需要補給的時候出現。不過正當我以為雨已經停了的時候，竟又猛烈地下起雨來。我因此慶幸自己穿的是越野跑鞋，因為地面越來越溼滑。我不僅泡在雨裡，也沉浸在迷人的風景中。紐西蘭真的是個很有魔力的國家，我發現自己不停地回頭看，不是看身後的跑者，而是欣賞群山的景致。

雖然柏油路面只有6公里長，但我承認我很高興看到這段路的尾端，這種山徑越野跑是跑者在比賽中夢寐以求的。當然，賽道有些地方坑坑窪窪，不過這為原本就很精采的比賽增添了另一個特點。最後10公里是沿著冰川挹注的瓦卡蒂普湖（Lake Wakatipu）的湖岸跑，這是紐西蘭第三大湖，也是世界上少數幾個有潮汐的湖泊之一。此時我已經愛上了皇后鎮，這小鎮提供了戶外運動愛好者所想要的一切，包括一場棒極了的馬拉松！

下：跑者穿過箭鎮——19世紀開採金礦的小鎮。

首要祕訣

- 穿普通跑鞋即可，除非有下雨的可能。
- 報名不要遲疑太久，因為很快就會額滿。

自虐狂路線

20 梅鐸馬拉松 LE MARATHON DU MÉDOC

📍 法國梅鐸區　　〰〰 山徑：混合了葡萄園和馬路　　📅 9月　　🌐 www.marathondumedoc.com

距離

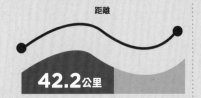

42.2公里

時　　分　　秒
0 2 2 8 4 1
（已知）最快時間 關門時間：6小時30分

0 5 0 1 0 0
托拜亞斯的完賽時間

90%
完賽率

筋疲力盡但非常快樂，一到終點立刻充滿歡慶的氣氛。

「先生，來杯葡萄酒？」那我就不客氣了！
「冰淇淋？」哦，當然好！「配一點香檳？」
喔好吧，如果你堅持的話。很少馬拉松明確要
求參賽者要穿著奇特服裝跑步，同時鼓勵大家
在途中享用葡萄酒、鵝肝醬、起司、牛排、牡
蠣、冰淇淋和香檳，但梅鐸馬拉松是場非比尋
常的馬拉松。事實上，梅鐸創辦於1984年，自
稱「世上最長的馬拉松」，原因很簡單：比起
追逐個人最佳成績，這個賽事的目標是在關門
之前以盡可能長的時間完賽。因為在這場比賽
中，大家都希望值回票價，尤其是有23站的葡
萄酒要品嚐。

　　好吧，持平來說，跑馬拉松是有一些規則
的：

1. 比賽當天絕對不要試新玩意兒。現在
我得坦承，第一次跑梅鐸馬拉松時，
我穿了羅馬將軍的全套服裝參賽。當

馬拉松補給站通常不會有葡萄酒，但幸好旁邊也有水。

時我那熱心的女友（現在是我太太）
湛安在剪裁時不小心把它剪得太短，
害我還得穿條短褲來遮屁股。我可不
想穿那樣跑上宛茲沃斯大街！所以賽
前一定要先試穿過服裝。

2. 比賽前一晚要避免喝酒。那麼在前一
晚的派對上喝兩杯香檳、一杯葡萄酒
會有什麼明顯的影響嗎？根據我的親
身經驗，這不是最好的計畫，但每個
人狀況不同。

3. 比賽期間不要喝酒。在這場賽事中，
可能很難辦到這點，但除了拉菲堡的
葡萄酒外，他們確實也有供應水。

4. 不要太常停下來，否則你會發現很難再繼續。至於「不要太久」是多久？品嚐世上最棒的某些紅酒，可以花上一、兩分鐘！

5. 絕對不要吃訓練時沒試過的食物。理論上，這想法非常好，不過有鵝肝醬、貽貝、肝醬、肋眼牛排，甚至還有一、兩樣冰淇淋可吃，你必須有相當強的意志力，並且能用最客氣的法文說：「不用了，謝謝」。

6. 務必在賽前24小時多攝取碳水化合物。沒問題！不過這碳水化合物中，最好不要有一、兩大份美味的法式糕點。

嗯，有一點可以確定，那就是你應該會打破以上所有規則──這是我兩次參加這項比賽的經驗談。

起跑的過程就像一場法國人所謂的「un

spectacle」（演出）──有職業舞者、音樂、大量的五彩碎紙……讓人驚嘆！比賽開始後，我們熱情洋溢、興高采烈地為彼此的健康乾杯，一邊說這真是太好玩了。但在接近攝氏40度的氣溫下，我們跑到29公里處就遭遇了痛苦無比的撞牆期，這都是因為醣類消耗殆盡、嚴重脫水，以及喝了太多酒。忽然間，我們對葡萄酒失去興趣，反而更渴望喝到水。不過湛安和我愛死了這項比賽，因此兩年後又再回去，和賓客一起跑，最後在終點結婚。

除了品嚐拉菲堡（Château Lafite-Rothschild）、碧尚－朗格維爾（Pichon-Longueville）和拉寇斯特堡（Château Grand Puy La-Coste）等美酒的樂趣外，這場比賽的重點其實是奇裝異服。事實上，主辦單位積極勸阻參賽者穿著看起來可能會像跑者的萊卡運動服。你可能會看見各式各樣令人驚嚇的暴露服裝，視每年的主題而定，但你也像小學生一樣一路嘻嘻哈哈。同時這也代表，某些不宜公開談論的身體部位很有可能會擦破皮。

但也並非每個人都像我們一樣是去享受的：你沿途看到的葡萄酒贊助商也會組隊參賽，他們的重點是要募集速度最快的跑者。優勝者會像一陣疾風般一路領先，以2小時30分完賽，但90%的參賽者目標都是在6小時30分的關門時間之前跑完。

我們癱倒在終點線時，看起來就好像剛在沙漠裡待了40個晝夜。獲得的獎勵是一朵玫瑰、一瓶葡萄酒、一個袋子，和一枚獎牌。接著我們前往完賽者的帳棚，接受進一步的犒賞：滿坑滿谷的食物飲料。

提醒一下：如果你聽了覺得很喜歡，務必留意報名的時間，因為馬上就會額滿。

首要祕訣
- 盡早預訂住宿與航班。
- 雖然關門時間6小時30分聽起來非常充裕，不過要控制一下在葡萄酒站停留的時間。

就算跑了42.2公里，這地區綿延起伏的美麗葡萄園也永遠看不膩。

自虐狂路線

斯諾多尼亞馬拉松
SNOWDONIA MARATHON ERYRI

 威爾斯斯諾多尼亞地區　 馬路和山徑　　851公尺　　 10月　　🌐 www.snowdoniamarathon.co.uk

距離
42.2公里

時　分　秒
`0 2 3 5 4 0`
最快時間（2012年）

`0 3 1 0 0 3`
托拜亞斯的完賽時間

97%
完賽率

斯諾多尼亞馬拉松在1982年創辦，目前已經闖出名聲，被譽為英國風景最美的馬拉松路跑之一，但有點諷刺的是，它也是難度最高的之一。的確，你若心想這是獲得個人最佳成績的好地點，那你最好再考慮一下。不過你若想繞著威爾斯最高峰跑一場具有代表性的馬拉松，那這就是不二之選。

在名字古怪的電山（Electric Mountain）報到後，你就要前往位在蘭貝里斯村（Llanberis）外的出發點。這段路不遠，讓人有機會沉浸在接下來會看到的風景中。由於比賽是在斯諾多尼亞國家公園內舉行，天氣特別多變，尤其在10月底，陽光非常罕見。事實上，有人警告我，說沒下雨就算運氣好了。所以要有心理準備：你很可能遇上一個溼冷颱風的日子。不過似乎沒有人因此卻步，英國的山地馬拉松菁英跑者當然更不用說，從

馬丁・考克斯（Martin Cox）、羅伯・賽繆爾（Rob Samuel）到超馬女王莉茲・霍克（Lizzy Hawker）都參加過。

一旦抵達位在佩里斯湖（Llyn Peris）邊的起跑線，你一定會注意到空氣中明顯的興奮之情。就是你即將做一件很困難但可達成的事情時的那種感覺。或許這正是斯諾多尼亞的神奇魔力。前面幾公里路還算平坦，但接著就大幅爬升了335公尺，從蘭貝里斯爬上朋伊山口（Pen-y-Pass）。奮力往上爬的時候，有機會讚嘆地看著左邊的格萊德山脈（Glyders）和右邊的斯諾多尼亞山脈（Snowdon Massif），還有從山邊流下的壯麗瀑布。

蘭貝里斯山口，兩側是格萊德山脈和斯諾多尼亞山脈。

上：比賽一開始是順著蘭貝里斯山口奮力往上爬。　　　　右頁：賽道多半在馬路上，但也有幾段山徑。

到了另一邊，從山口跑向朋伊格里德（Pen-y-Gwryd）時，下坡路讓我的股四頭肌有點受到衝擊，因為它之前一直在辛苦幫我爬上蘭貝里斯山口。然後在大約10公里處，我們在山口底部向右急轉彎到達第一小段山徑。沒錯，為防萬一你不知道：斯諾多尼亞馬拉松不完全是在柏油路面上跑。這對山徑越野跑者是幸事，對路跑跑者則是詛咒。

這段山徑只有3公里長，我的腳很感激路面有變化，但我確實看到幾位穿極簡跑鞋的跑者在踩到石頭時痛得齜牙咧嘴、咒罵不已。我非常慶幸雖然是下坡，坡度卻不陡，否則很可能會抽筋。到達中間點時，我開始感覺狀況相當不錯。雖然從漂亮的貝德格勒特村（Beddgelert）出來後有一段3公里長的坡道，但跟朋伊山口比起來卻沒那麼糟糕。

第二段爬坡過後，儘管賽道坑坑窪窪、起伏不定，我卻成功地再度加快步伐，主要是因為我忙著和出發時偶遇的一個跑者閒聊。我甚至不記得有撞到那所謂的「牆」，這通常發生在大約29-32公里處。但那是因為主辦者把「牆」移到了35公里處。就在文沃爾村

（Wuanfawr）的入口，地面開始上升，起先很和緩，但離開村莊後就愈來愈陡，持續3公里多。

「啊，」當我的兩腿開始無力時，我心想：「這才是真正討厭的地方。」

抵達山頂後，有一小段路變成山徑，我蹣跚地跑下最後一段嚴酷的下坡路，往蘭貝里斯而去，然後就是終點線。我的成績是3小時10分鐘——落後了優勝者羅伯・賽繆爾整整27分鐘。

這個比賽沒有獎牌，而是頒發來自附近舊採石場的斯諾多尼亞馬拉松石板杯墊。我平常沒有蒐集杯墊，卻很想再參加幾次，組成一套。這是場值得再參加的馬拉松賽事。

首要祕訣

- 要自備能量果膠，因為賽道上沒有。
- 有幾段山徑，所以不建議穿極簡跑鞋。

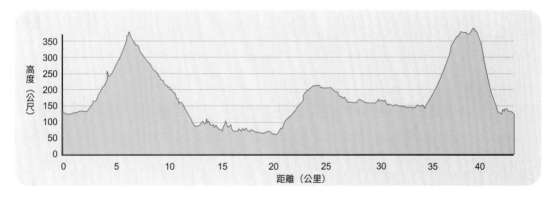

22 漁夫之寶強人賽跑

FISHERMAN'S FRIEND STRONGMAN RUN

📍 德國紐柏林市　□□□□ 每圈18個障礙物　〰〰 馬路、山徑、障礙物　📅 5月　🌐 www.fishermansfriend.de/strongmanrun/en

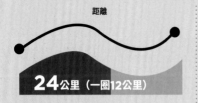

距離

24公里（一圈12公里）

時　分　秒
0 1 4 4 0 0
（已知）最快時間

0 2 1 0 0 0
托拜亞斯的完賽時間

79%
完賽率

儘管在歐洲有九個國家舉辦，吸引了來自43國的超過5萬名跑者，你還是很可能沒聽過漁夫之寶強人賽跑。這個賽事沒有在英國舉行過，雖然贊助商是生產超涼薄荷喉糖、擁有150年歷史的英國公司。

多虧喉糖的力量，強人賽跑（綽號「綠色地獄」）成了在英國以外最受歡迎的障礙跑競賽之一。第一屆比賽在2007年舉行，地點是德國明斯特（Munster）的軍事訓練場，幾年後才移到目前位在紐柏林（Nürburgring）的地點。

彷彿跑半馬障礙賽還不夠難似地，比賽前一晚，主辦單位還精心安排了盛大的派對，讓大家盡情喝酒跳舞。到了第二天早晨，所有昏沉的腦袋都在站上起跑區的那一刻迅速清醒。

如同大多數障礙賽跑，參賽者可以選擇跟朋友一起跑，採取「完賽就好」的態度，加入斯巴達勇士、藍色小精靈和超人的行列。或者你也可以單獨跑，努力爭取名次。無論哪種選擇，都很適合這項比賽。但不像其他比賽分成很多梯次，強人賽跑只有一梯，因此成為世界規模最大的障礙賽跑。若想追求名次，你就必須確保自己進入菁英起跑區，因為1萬3500位競爭者全部越過起跑線需要花上20分鐘。

這個比賽基本上是繞著世界知名的紐柏林賽車場跑兩圈，總計大約24公里，每圈有18項障礙物。高度也有大約900公尺的爬升（這點我個人在賽前並不知道），會離開賽車跑道繞點路，爬上鄰近的山丘。賽道上有參賽者可能想要的一切：很深的泥坑、水窪、需要攀越的欄架、滿是冰塊的池塘、溼滑陡斜的滑水道、攀爬網、乾草捆、黏滑的水池，以及重頭戲艾菲爾——那是一座必須翻越的巨塔。

聽著擴音器大聲播放AC/DC樂團經典流

強人賽跑不只是場比賽，也是個開心玩樂的好機會（對某些人來說，還可以趁機好好洗個澡）。

行的曲子，你很難不興奮。等到起步槍響時，你定會磨拳擦掌、躍躍欲試。當然，置身賽車道上，尤其是像紐柏林這樣凶險的賽車道（最出名的就是那些急轉彎，曾有許多賽車手被甩到碎石堆），你一定會拚了命地衝出起跑線。不過精心安排的巨大乾草捆成功地減緩參賽者的速度，提醒大家還有很長一段路要跑。

當你穿越重重障礙，身上愈來愈溼、沾滿泥巴、精疲力竭時，要維持衝勁就變困難了，尤其是匍匐前進穿過籠子時，還要設法閃躲偶爾擦過臉部的懸垂電線，實在讓人忍不住罵髒話。不過這場比賽也不全是「苦」差事。信不信由你，有些障礙物真的很過癮——尤其是那

個超大的滑水道，定會讓你開心尖叫。

更多泥漿、更多碎石堆——這些讓賽車減速的障礙同樣也能讓跑者減速。它們帶領你前往邪惡博士這些殘忍障礙物中最虐待人的一個：不息峰（Mount Neverest）。這是一段連續1.6公里的上坡路，上面散落著汽車輪胎、乾草捆，以及這位好博士能夠找到的其他任何東西，跑起來感覺好像永無止盡。

就在你覺得快不行了、堅信自己已經通過大多數障礙物的時候，他們又會變出更多

首要祕訣

- 若想有好成績，務必擠進菁英梯次。
- 可以帶雙露指手套，協助攀繩。

的障礙。我最喜歡的之一是「熱帶地獄島」（Tropic Hell Island），那是一座40公尺長、2公尺深的水池，除了個子最高的以外，幾乎大家都必須游泳。但這關只是個短暫的喘息，目的只是為了把人弄溼，以便進行「電擊羅禮士」（Shock Norris）——這個輪胎關卡中有更多電線垂在那裡，真的要小心避開。提醒一下：如果在輪胎上滑倒了，千萬別像我一樣去抓電線。那電擊簡直強到可以讓科學怪人復活！而你開始跑第二圈的時候最不需要的就是電擊。最後終點線出現眼前，但在那之前，你得先爬過3000個汽車輪胎、幾個大型貨櫃，和一面巨大的吊貨網。

　　現場氣氛、不可思議的同志情誼、派對、優質的障礙物、著名的跑道，還有一輩子的免費喉糖……強人賽跑真是什麼都有了！

你要翻越的可不是一般的吊貨網。

23 斯巴達障礙跑競賽 SPARTAN RACE

📍 英國、美國、世界各地　〰〰 越野　▢▢▢ 30-35　🪜 1524公尺

📅 11月　🌐 spartanraceuk.uk

距離

19-22公里

時　分　秒

`0 1 5 8 0 0`

（已知）最快時間

`0 2 2 7 0 0`

托拜亞斯的完賽時間

99% 完賽率

我臉朝下地趴在地上，雙臂發抖，準備完成最後一下剝皮跳。「究竟為什麼，」我自問，「我的第一場斯巴達障礙跑系列賽要選擇野獸賽？」

幾星期前，我也許很明智地參加了艾塞克斯郡野林健身房（Wild Forest Gym）的斯巴達訓練營，內容包含了大量這樣的活動：四肢著地爬來爬去、驚險地掛在繩子上、爬上1.8公尺高的牆、在棍子間跳來跳去、涉水走過冰冷的沼澤——而且還要扛著一根1.8公尺長的電話線桿。我當時還有點懷疑那能有什麼用——畢竟我已經參加過很多障礙跑競賽——不過當我從地上爬起來，小心翼翼地繼續前往下一道障礙關卡時，一切訓練開始顯得有意義。斯巴達野獸賽真的和我以前參加過的任何比賽都不一樣。事實上，大部分的障礙跑競賽我都參加過，而我敢說，斯巴達野獸賽比其他任何障礙跑競賽都困難：2500人在異常泥濘的草地和林地裡，有30–35個障礙關卡，爬升1524公尺，最後才能在終點咀嚼令人心滿意足的漢堡、稱

自己為斯巴達勇士。

斯巴達障礙跑系列賽分成三種距離：衝刺賽（5公里）、超級賽（13公里），和野獸賽（21公里）。主要差異在於距離，自然還有障礙關卡的數量。很多人參加系列賽是為了獲得令人響往的三連勝獎牌，要在一年中完成三種距離才能獲得這面獎牌。有些人是障礙跑競賽迷，他們在全國各地旅行，參加一場又一場滿是泥漿和帶刺鐵絲網的障礙賽跑。當然，也有很多人參加只是想挑戰翻越2.7公尺的牆和從帶刺鐵絲網底下鑽過，純粹為了好玩而已。

但和著重團隊合作的強悍泥人不同的是，斯巴達障礙跑競賽是實實在在的比賽，而且必須獨力完成。不過別擔心，參加斯巴達障礙跑競賽不是只靠體力和肌肉，還必須讓大腦保持高度警覺，因為有些障礙關卡是屬於動腦類，需要做些簡單的運算或記下一串數字，萬一錯了就得接受懲罰，做30下剝皮跳，這可比任何障礙關卡還困難得多！

起跑點有個打扮成斯巴達勇士的男子發表

到最後一段路，你和
終點之間只隔著4.5公
尺的攀繩和幾個斯巴
達勇士。

首要祕訣

- 穿吸溼排汗的衣服，或者理想的作法是儘量穿少一點——能弄溼的布料愈少，你就愈不容易覺得冷。
- 你會需要你所能找到抓地力最強的越野跑鞋。
- 帶一、兩包能量果膠，因為賽道上沒有供應食物，不過有水站。

激勵人心的演說，類似電影《300壯士：斯巴達的逆襲》裡的橋段。打從你站上起跑線的那一刻，直到抵達終點，腦內啡都會激增。不過如果你胸懷大志，想在這場比賽中有優異的表現、自稱為斯巴達冠軍，那就必須排進當天的第一批「菁英」梯次。原因很簡單：假如不在菁英梯次裡，不僅要跑過愈來愈泥濘的賽道，還必須追過幾百個沒那麼趕時間的跑者。

在幾小時內，我擲標槍、拖輪胎、扛木頭、翻動牽引機輪胎、算數學，完成一大堆有趣但具有挑戰性的障礙關卡。我在野林健身房受的訓練有了回報。可惜我疏忽了上半身的訓練，因此從單槓上掉進渾濁的深水池裡。彷彿這樣的懲罰還不夠，我還得做30下剝皮跳。

接近終點時，我已經準備好要帶著一身泥漿癱倒在地。但在那之前，我還得先翻過一堵2.7公尺的牆、搬30公斤的藥球、匆忙做幾個伏地挺身、爬上4.5公尺高的繩索，然後從一群拿著棒子的格鬥士身旁闖過。這時我才算完賽，距離起跑已經過了2小時27分鐘。這時我才能名正言順地稱自己為斯巴達勇士。

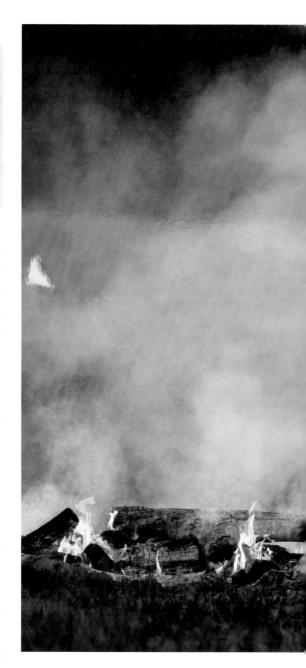

別讓這一點點火減慢你的速度！

24 硬漢挑戰賽 TOUGH GUY

📍 英國伍爾弗罕普頓市　〰️ 越野　　▫️◻️▫️ 200+　　📅 1月　　🌐 www.toughguy.co.uk

距離

15公里

時　分　秒

0 1 3 8 0 5
(已知) 最快時間

0 3 0 1 5 0
托拜亞斯的完賽時間

80%
完賽率

如果想知道承受電擊治療、在爛泥中匍匐前進、泡在冰冷的水裡、翻過好幾道3.7公尺高的牆、從火坑上跳過的這股潮流究竟從何而來，那你就要在1月底前往伍爾弗罕普頓（Wolverhampton）市郊，找一位名叫比利・華生（Billy Watson，又名老鼠先生）的怪人。

拜老鼠先生之賜，我們有了非常多的障礙跑競賽、泥漿賽跑和諸如此類的活動。這一切都是從1987年1月舉行的一場名為硬漢挑戰賽的比賽開始的。這賽事至今長盛不衰，可以名正言順地被稱為「全球同類型比賽的開山祖師、也是最艱難的一場」。老鼠先生在英國陸軍擲彈兵衛隊（Grenadier Guards）服役時得到靈感，決定複製士兵受訓的障礙賽跑道，創造出一個賽場：「你對高度、狹窄空間、水、火、電的恐懼都會受到最大程度的考驗，除了最強的硬漢之外，所有人都會被打敗！」這話確實非常挑釁！

我第一次邂逅這場代表性的比賽是在2004年。那時我剛從桑赫斯特皇家軍事學院畢業不久，很想測試一下自己受過的軍事訓練。一聽說硬漢挑戰賽，我的一群同袍和我立刻報名參加，心想這一定易如反掌。畢竟我們才剛念完世界最好的軍校，硬漢挑戰賽能有多「硬」？結果我們所有人都有點意外。

今日，硬漢挑戰賽的主旨是要「在一天之內把人生中的每項訓練都測試過」。而你若想完成這場有200多個人造關卡的賽事，就必須「使盡精神和身體的每一分力量」——我以前也許會對這句話嗤之以鼻，但參加過比賽後，我卻感到敬重。

比賽在上午11點左右開始，由砲聲發令——在這樣的場景中，這似乎十分合適。不幸的是，身為硬漢挑戰賽新手，我們排在最後

吊貨索是任何障礙跑競賽都一定要有的東西。然而，要在上面盪來盪去非常困難。

上：如何才能不在跳過燃燒的乾草之後掉進泥塘裡。

右頁：硬漢挑戰賽的重點在於面對恐懼、弄得全身髒兮兮。

面起跑。我發覺自己跟一群群打扮最為怪異的參賽者一起跑，從羅馬士兵到穿著閃亮盔甲的騎士都有，活像《英雄本色》的場景。有些隊伍還想讓自己的日子更難過，扛著巨大的十字架，有些則是扛大砲。可是看到老鼠先生的服裝後，一切都顯得合情合理了！

比賽前半段比較像越野跑，穿插一些泥濘的障礙關卡，例如電圍籬、壕溝、從吊貨網底下鑽過、跳過圓木、在「兔丘腿麻彎道賽」（Rabbit Hill Dead Leg Slalom）中進行山坡反覆跑。等到完成所有這些障礙關卡時，我其實已經在期待接下來名副其實的「殺戮戰場」（Killing Fields）了。

確實，讓硬漢挑戰賽從許多同類型比賽中脫穎而出的正是這一部分，因為這裡的障礙物是常年不變的固定裝置，而且全是人工打造的！顯然，老鼠先生是使用鏈鋸和挖掘機的高手。描述這些障礙物的唯一方法，是請你想像一下把《瘋狂麥斯：憤怒道》與《水世界》的布景設計融合在一起：怪誕龐大的木造結構，看起來宛如刑具。當你看見渾身泥巴的男女像一隻隻下水道中的老鼠般從障礙物上摔下來時，這些東西確實就是刑具。不過真正的折磨是要對抗眾多你就算有也是人之常情的恐懼症。假如害怕狹小空間，那麼越共地道（Vietcong tunnels）就是最可怕的噩夢。這是巨大的污水管，有些被堵住，所以你不想受困就得選擇正確的管道。

如果害怕溺水，那你大概就會想要避開漆黑的水底隧道。而且由於是1月，水當然冰得要命，會讓心臟跳得比遭到獵捕的鹿還快。那是我心目中的地獄。

你有懼高症？好吧，你很快就得克服它，不管是走跳板、爬8公尺高的「老虎」（Tiger），還是應付10公尺高的「龐然巨物」（Behemoth）——那是把樹頂繩綁在電話線桿之間做成的。

但這正是你去參加硬漢挑戰賽的原因。重點是在世界最早的障礙跑競賽中穿上荒唐可笑的服裝、把自己嚇得屁滾尿流、弄得渾身是泥、把身體逼到自認為的可能極限。但有一點可以肯定：除了在水下的時刻，你從頭到尾都會咧嘴大笑，尤其是在拿到黃銅馬飾的完賽獎牌時——這也許會是你畢生所得最酷的獎牌！

首要祕訣

- 就算穿奇裝異服，也要挑選吸溼排汗的質料。
- 帶雙可拋棄的手套，在爬繩關卡或單純需要避免被碎片割傷時很有用。
- 帶雙你能找到抓地力最強、鞋底最粗糙的運動鞋！

創辦人老鼠先生是在軍中得到靈感的，所以使用了很多帶刺鐵絲網！

自虐狂路線

25 巨石圈賽 RACE TO THE STONES

英國山脊路 山徑 702公尺 7月 www.racetothestones.com

距離

100公里

時 分 秒

（已知）最快時間

托拜亞斯的完賽時間

80%
完賽率

山脊路是不列顛最古老的道路。

如果有一場比賽能滿足跑者幾乎所有的要求，那麼應該就是迪克森車用電話（Dixon Carphone）的巨石圈賽了。巨石圈賽地點距離倫敦只有一小時路程，賽道沿著不列顛最古老的道路及英國最美麗的國家步道。最棒的是，參賽者可以選擇步行、跑步，在一天內或甚至分成兩天完成。總而言之，這是英國相當容易達成的超級馬拉松。

確實，直到最近，超級馬拉松在英國始終無法達到歐洲賽事可以預期的規模，例如環白朗峰極限越野賽或橫越火山越野超馬（參閱第188及228頁），不過巨石圈賽即將改變這一切。巨石圈賽不僅是目前英國規模最大的超級馬拉松，有2000多人報名參加，

這片極美的田地是比賽中最令人難忘的特色之一。

而且努力重設性別平衡，有將近一半的參賽者是女性。

「潛力無限」是籌辦單位極限體育公司（Threshold Sports）的箴言，他們的目標不只是創造一場不同凡響的賽事，而且是一種非凡的體驗。

賽道順著山脊路（Ridgeway），這條路宣稱是不列顛最古老的道路。1萬年來，從新石器時代人類到撒克遜人和羅馬侵略者、虔誠的朝聖者到勞動的農夫，這條古道承載過無數先人的足跡。跑在古道上感覺好像乘著輸送帶穿越歷史，參賽者會看見威蘭鐵匠鋪（Wayland's Smithy）的巨石，這是新石器時代首領家族的狹長古墓，然後經過魔鬼堤壩（Grim's Ditch）的林蔭步道，在悶熱的日子裡提供宜人的涼蔭，遠處還可瞥見龐大神祕的奧芬頓白馬（Uffington White Horse），這是鑿刻在地面上再以碾碎的白堊填滿的圖像。就連聖喬治（Saint George）也是這條古老路線的一部分，因為附近的龍丘（Dragon's Hill）據稱是他屠龍的地點。

這條路過去曾經從多塞特（Dorset）的海岸一路延伸到北海岸的沃什灣（The Wash），

有400公里長，如今則只剩138公里。不過巨石圈賽的起點靠近牛津郡（Oxfordshire）的盧克諾村（Lewknor），走的是山脊路的最後大約96公里。如比賽名稱所提示的，這項比賽要跑到埃夫伯里的巨石圈（Avebury Stones）——歐洲最大的巨石圈。但必須注意的是，你還得轉身折回，終點就在不遠處，因此務必要為最後幾公里保留一點體力。

雖然比賽有完備的支援，但極限體育公司還是堅持參賽者要帶些必要物品，例如備用的長袖上衣、防水外套、帽子、手套，以防萬一。在第一屆比賽中，這些物品感覺有點像預防措施，因為那天剛好是那年最熱的一天。不過英國的天氣是出了名的靠不住，所以最好準備齊全。事實上，即使曾經走過撒哈拉沙漠，但是我必須承認，2013年7月的那個星期六，山脊路上的火辣太陽真的拖慢了我的速度。但回想起來，我很慶幸自己頻頻暫停，因為設置在每10公里處的補給站非常棒，提供了可口誘人的食物，讓我有機會深呼吸、擦去額頭上的汗，好好欣賞這條與眾不同的路線。

選擇分兩天完成比賽的人有過夜營地可

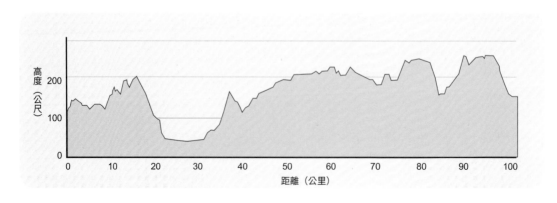

以選擇，你在那裡可以把腳抬起來休息、享用美味晚餐，在主辦單位提供的帳棚內睡個好覺，然後吃頓豐盛的早餐再出發跑完最後的50公里。更棒的是，極限體育會幫你運送過夜裝備。

　　儘管第一屆比賽當日天氣炎熱，我終於還是衝過終點線，氣喘吁吁、汗流浹背地癱倒在地。我的成績是10小時44分鐘，比我期望的慢了一點。但不論選擇多長的距離或時間，有件事情保證你會發現：山脊路真的是英格蘭最美麗、最鼓舞人心的步道之一。最後再漫步到埃夫伯里，這是世界唯一一個有酒館和小禮拜堂的巨石圈，你不會知道自己究竟想要尋求救贖，還是想要用一品脫的酒來止渴。

首要祕訣

- 帶高係數的防晒霜，因為途中很少遮蔭。
- 利用每10公里就有一個的補給站把賽程拆成一段段能夠應付的距離。
- 雖然穿路跑鞋沒問題，不過倘若下雨，就建議穿越野跑鞋，因為鞋底的突起顆粒較大，抓地力較好。

由於在陵線上，所以沒有遮蔭。

26 自虐狂路線

人馬對決馬拉松
MAN VS HORSE MARATHON

📍 威爾斯波伊斯郡　〰 山徑與高地荒原　🔼 1200公尺　📅 6月　🌐 www.green-events.co.uk

距離

32-38公里

時　分　秒

0 2 3 0 0 0
最快時間（2015年）

0 3 3 0 0 0
托拜亞斯的完賽時間（2013年，38公里）

99%
完賽率

在一場名叫「人馬對決」的比賽中，看見騎師從身邊經過，我是不該感到驚訝的。然而，聽見馬從後面逼近，馬蹄踩在小徑上發出有節奏的噠噠聲，馬咀嚼馬銜的聲音和活動頭部時鼻孔張大的聲響，還是讓人有點不安。我堅決不想被踩到，因此移到小徑旁，愉快的騎師（他繼續前進去贏得比賽）大聲道謝、消失在遠方。他的馬把尾巴「嗖！」地一甩，彷彿在說「再見了，跑者」。

過去超過35年來，人和馬每年都會在這場人馬對決馬拉松賽中較量。路線跨越威爾斯中部波伊斯郡（Powys）具有挑戰性的地形，包括1200公尺左右的爬升、石南地、高地荒原、溪流、溼軟的山徑、峭壁，以及需要技巧的下坡。這項賽事是世界另類運動競賽（World Alternative Games）最早的活動之一，以古怪的規則和高難度的路線享譽全世界。

和許多絕妙的點子一樣，這場比賽也是幾杯酒激出來的：30多年前，蘭沃蒂韋爾斯鎮（Llanwrtyd Wells）紐艾德阿姆斯飯店（The Neuadd Arms Hotel）的老闆高登・格林（Gordon Green）聽到兩名顧客對話，他們邊喝啤酒邊討論「人和馬在山區地形奔跑時的相對優點」。其中一人認為，在適當的條件下、在某個特定的距離，「人跟馬旗鼓相當」。

由於這小鎮已經主辦了世界沼澤浮潛錦標賽（World Bogsnorkelling Championship），這是另類奧運眾多賽事中的其中一項，所以自然想測試一下這個理論。於是，他們在1980年舉辦了第一屆的人馬對決馬拉松。從那之後，這項一年一度的活動就吸引了數以百計的跑者和騎師，但卻過了整整25年，人

雖然人先起跑，但馬沒多久就會趕上。

當騎師和馬蹄聲出現在後面時，最好讓他們先過。

才終於獲勝。2004年，英國馬拉松跑者休・洛伯（Huw Lobb）在全部參賽者中拔得頭籌，比馬快了2分鐘。他贏得了威廉・希爾博彩公司（William Hill）提供的2萬5000英鎊獎金，這獎金從比賽開辦以來每年累積500英鎊。然而，這並不表示接下來人會連勝，事實上人只有再贏過四條腿的對手一次：2007 年，德國的弗羅里安・霍爾津格（Florian Holzinger）贏了

這項比賽。

　　活動其實前一晚就開始了，在紐艾德阿姆斯飯店有一場義大利麵派對。由於比賽要到早上11點才展開，蘭沃蒂韋爾斯又對外宣稱是世界上最小的鎮，因此沒什麼事情可做，只能吃飯、喝酒，然後睡覺。但如果你是住在路邊的營地，你很可能會徹夜難眠，因為蚊子很多。

　　隔天早晨，我又回到酒館，其他幾百名跑者也在那裡，包括四度鐵人三項世界冠軍克莉希・威靈頓（Chrissie Wellington）。大家都滿懷期待地看著馬匹遊行通過。我悄悄鬆了口氣，因為馬比跑者晚15分鐘出發，不

首要祕訣
- 若覺得追著馬跑32公里太累，還有三人接力的選項。
- 有馬想超越你時，讓路是明智的。

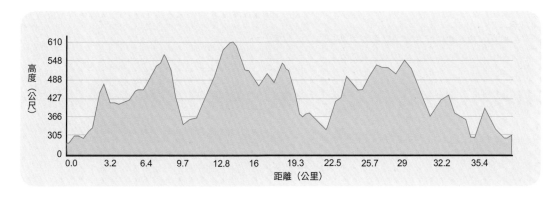

只是為了避免踐踏我們，也為了確保我們有機會一搏。等起跑的信號一發出，我們立刻衝過小鎮，彷彿馬真的就在我們後面。不意外，我們的充沛活力沒有維持多久：不到3公里我們就遇到了諸多山丘當中的第一座，接著離開大路、沿著溪流前進、越過沼澤、爬上更多的山丘。

儘管稱為馬拉松，但多年下來，比賽路線有很大的變化，現在只有32公里，不過你會非常慶幸不用跑更遠！足足45分鐘後，第一位騎師超越我，接著又有愈來愈多迅速跟上。雖然馬在大熱天裡似乎表現較差，下坡時也不像人類那麼靈活，但溼悶的陰天和需要技巧的下坡路似乎都沒有減慢那些領先馬匹的速度。

我並不覺得需要加速，反而入迷地看著這些漂亮的動物從身邊經過，騎師祝我們好運後繼續往前騎。事實上，騎師和跑者的愉快心情讓這比賽感覺非常特別。只是我不僅被馬超越，偶爾也被人追過，有一些容光煥發的跑者取代了那些滿臉疲倦的面孔。起先我有點困惑，不知道他們到底是哪裡冒出來的，後來才發現原來有三人接力的選項——

我很肯定，比賽進行到某些點時，一定有一、兩個馬拉松跑者巴不得自己在報名前就知道有這個選項。

跑了1公里又1公里、不斷被馬超過，我很高興終於能夠看見終點，就在維多利亞韋爾斯（Victoria Wells）附近。只要再跨過幾條小溪、爬上盡頭一塊榨乾我精力的上坡草地就到了。衝過終點線時我幾乎癱倒在地，成績是3小時30分，在全部參賽者中排名49，人類參賽者中排第20。這是項樂趣十足、讓人筋疲力竭的賽事，保證會加深你對賽馬活動的尊敬。

在這項賽事的歷史中，人只擊敗過馬兩次。

自虐狂路線

27 火車挑戰賽 RACE THE TRAIN

📍 威爾斯陶因鎮　〰〰 原野與人行小徑　🪜 370公尺　📅 8月　🌐 www.racethetrain.com

距離

22公里

時　分　秒

0 1 1 8 1 5
（已知）最快時間男子紀錄

0 1 3 1 4 1
托拜亞斯的完賽時間

關門時間：3小時15分
（2014年有768人達成）

2013年
完賽率
20%

如果停下來想想：有哪些東西是可以跟你賽跑的——馬、駱駝、灰狗、鴕鳥等等，火車也許不是首選。面對四足動物，你至少還有一點點擊敗牠們的可能性，但是火車——嗯……這種可能性有多大？然而對威爾斯的海濱小鎮陶因（Tywyn）來說，這是每年一度的活動，擁有90年歷史的蒸汽火車是常勝的跑者，從1984年起一直成功地向我們兩條腿的生物發出挑戰，挑釁我們參加熱烈的越野賽跑。

　　生活在倫敦這樣的大城市，我經常必須瘋狂衝刺去趕火車，甚至有一、兩次是在火車開走時跳上去的。因此這項獨特的比賽毫不意外地吸引了我的注意力，被我放進夢想清單。這場比賽由陶因扶輪社籌畫，不僅深受當地居民和外地參賽者喜愛，甚至吸引了海外跑者。更重要的是，這輛華麗的老火車周圍洋溢著歡樂的氣氛，事實上它正是備受喜愛的童書《湯瑪士小火車》的靈感來源，屬於窄軌的泰爾依鐵道（Talyllyn Railway），

跑者有大約1小時47分鐘可以擊敗百年的蒸汽火車。

是世界第一條被保存下來的19世紀鐵路。

　　這場比賽格外獨特的地方是家人朋友可以陪跑——不是和跑者一樣穿過22公里的田野、崎嶇的牧草地和泥濘的農用道路，而是在設備齊全又舒適的火車車廂裡。

　　比賽從鐵路幹線的陸橋出發，就在泰爾依碼頭火車站（Talyllyn Wharf）旁。當一陣煙飄向我們，火車發出尖銳的汽笛聲宣布準備接受挑戰，四周早已瀰漫著興奮的氣氛。由於知道火車來回一趟正好是1小時47分，而跑者的關門時間是3小時15分，所以若想擊敗火車，就必須趕緊行動——尤其讓人警醒的是，一般而言只有10%的參賽者達成。事實上，火車時速14-16公里，要「勝過火車」還要翻山越谷，就算不是不可能也非常困難，不過幸好火車沿途會停靠好幾站供乘客上下車。另外火車在阿貝格諾溫村（Abergynolwyn）要花10分鐘調頭，因此

1100名跑者絕對有機會——好啦，至少應該有十個人有機會！

我並不幻想這22公里會很容易，但也沒算到會需要在這麼多農用車道上狂奔，或是在牧草地上衝刺——牧場上的草叢似乎特別容易絆住腳趾。跑在樹林間的時候，我可以聽見火車不耐煩的鳴笛聲和嘎嚓聲，意識到我還得再加把勁。我在43分鐘內到達折返點，所以我想，除非嚴重撞牆或是被雷打到，不然我應該很有機會比火車早回到陶因。但我卻沒料到回程的路線不同，每分每秒都愈來愈艱難。我忽然發現面前是一座極為陡峭的山丘（這裡畢竟是威爾斯），但問題還不只是陡而已。山徑也突然變得愈來愈窄，需要敏銳的平衡感才能避免失足滑下危險的斜坡。火車不時出現，乘客探出窗外大聲加油打氣——我的確非常需要鼓勵！

火車消失後，我還是能聽見遠處的火車聲，因此有一瞬間嚴重懷疑自己是否能夠及時到達，因為我感覺雙腿已經在抗議被迫在高低不平的地形上連續接受衝擊。此時雨勢變小了，我很高興能以第14名的成績越過終點線，耗時1小時30分41秒，輕鬆領先火車17分鐘！

為了慶祝比賽結束，當然還有歡樂的頒獎典禮，籌辦單位在大帳棚裡舉辦了盛大的派對。這是場可以帶你的伙伴、跑步俱樂部成員或家人參加的比賽，把具有挑戰性的越野賽跑變成一個愉快的週末。

首要祕訣

- 穿越野跑鞋，因為地面極為泥濘。
- 倘若會在外面待超過1小時45分鐘，最好帶一、兩包能量果膠。
- 藉機會度個週末。跑這麼遠一趟，不多欣賞一下風景就太可惜了。賽後派對也非常棒！

泰爾依鐵道是《湯瑪士小火車》系列童書的靈感來源。

28 自虐狂路線

戰友馬拉松 COMRADES MARATHON

 南非德爾班市／
彼得馬里茨堡市　　〜〜〜 馬路　　🔼 1166公尺　　📅 5月　　🌐 www.comrades.com

距離

90公里（取決於「上坡」或「下坡」）

時　　分　　秒

0 5 2 0 4 9
最快時間（下坡）

0 5 2 4 0 0
最快時間（上坡）

0 8 2 3 4 4
托拜亞斯的完賽時間

76%
完賽率

經常有人問我：「我參加過最棒的賽事是哪一場？」但如這本書所顯示的，畢生只挑選一場賽事參加是件非常困難的事。每一場比賽都能為參賽者帶來一些收穫。不過戰友馬拉松是真的很特別。它不僅是世界規模最大的超級馬拉松，也是現存歷史最悠久的——這表示它有很多特點。

第一屆戰友馬拉松在1921年舉行，是第一次世界大戰退伍軍人維克‧克拉彭（Vic Clapham）的主意，戰時他曾經在德國東部行軍2700公里並且倖存下來，回到家鄉南非後決定要紀念「人戰勝逆境」的精神。他從「證券交易所倫敦到布來頓步行賽」（Stock Exchange London to Brighton Walk）中獲得靈感，想要創辦一項類似的活動，從他的家鄉彼得馬里茨堡市（Pietermaritzburg）出發，在海岸城市德爾班（Durban）結束。由於南非的運動團體和第一次世界大戰戰友聯盟（League of Comrades of the Great War）認為

90公里的距離「即使對受過訓練的運動員來說都太艱苦」，因此差點無法舉行。這項賽事就是以戰友聯盟的名字命名的。

謝天謝地後來還是舉辦了，因為依我個人淺見，戰友馬拉松是地表最偉大的比賽之一。這賽事在過去90年來讓一個騷亂的國家團結起來，為共同目標——到達終點——同心協力。各種信仰、膚色、背景的男女把舊怨擺在一旁，試圖在苛刻的12小時關門時間前抵達終點。其中最有爭議的是關門的執行方法：一名男子背對著接近中的跑者站立，在時間到的那一秒準時對空鳴槍，這時所有還在他背後的人都禁止再繼續，就算只超出一秒也一樣。這些關門點散布在賽道上，但錯過終點的那一個是最讓人失望的。

要取得參賽資格，前一年必須完成一場官方認可的比賽（要達到馬拉松以上的距

比賽在天還沒亮的清晨5點開始，由雞啼來發令。

離，包括鐵人三項），完賽成績會決定你至關重要的起跑區。由於比賽時間是以起點和終點的槍響為準，所以如果排在後面，十多分鐘的等待就會吃掉你原本就已經很寶貴的關門時間。

這場比賽的起跑是我見過最有氣氛的之一。從國歌到真的很催淚的〈礦工之歌〉，都讓人深受比賽情緒的感染。這場比賽被稱為「終極人類比賽」（Ultimate Human Race），絕對不是沒理由的。你會想要學會歌詞，只為加入合唱。一旦公雞啼叫（以人聲錄製），就是上場的信號：現在你有12個小時可以跑

到終點，無論終點是哪裡。

倘若你認為在12小時內跑完89公里很簡單，可能想得沒錯。和其他許多超級馬拉松相比，89公里不算特別長。但大多數馬拉松不必對付「五大」山丘，還有中間的幾十座小山。事實上，這場賽事的本質就是「起伏」。連選擇參加哪個方向的比賽都不重要。如果是從彼得馬里茨堡市出發，到德爾班結束，那就叫「下坡」賽。倘若起點在德爾班，那就是「上坡」賽。兩種各有不同的挑戰。

我抱著很高的期望，覺得自己應該可以得到人人想要的銀牌——成績落在6小時到

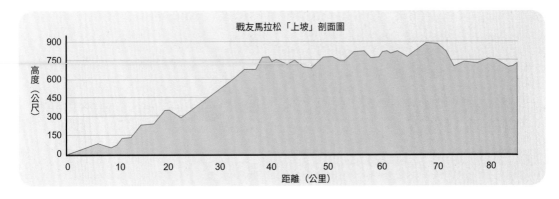

戰友馬拉松「上坡」剖面圖

7.5小時之間的選手才可以獲得。我的馬拉松個人最佳成績是2小時49分，這不算超出我的能力。因此我緊跟著那些身上有綠色號碼的人，希望他們的經驗能帶領我一路跑到終點（這些人都是完成十場以上戰友馬拉松的跑者，因此獲得了永久的比賽號碼）。然而，卻有幾件事我沒有考慮到。

首先是那些山丘——它們榨乾了雙腿的精力。雖然我想過上坡會很累，但卻從沒料到下坡也會這麼痛苦。在最後30公里，我淪落到蹣跚前進。其次，想要用3小時跑完馬拉松的速度跑90公里實在非常痛苦！第三，能量果膠永遠不夠。我通常不太喜歡能量果膠（它們有時會造成胃痛），但為了能夠繼續下去，你什麼都願意吃。第四，南非雖然已經入秋，但非洲的太陽底下依然非常炎熱。等抵達終點時，我已經汗流浹背、不成人樣了。

不過還有一件事是我沒有心理準備的（雖然曾經讀到過），那就是一路上排山倒海的支持，感覺彷彿全國的人都跑出來為你加油一樣。一大清早，民眾就聚集起來準備

烤肉，然後一手拿啤酒一手拿肉，對參賽者大聲喊話鼓勵。可惜的是，就連喝冰啤酒或吃烤肉的盼望都無法讓我的腿再跑快一點。發現銀牌夢破滅後，我坦然接受同樣值得尊敬的比爾羅恩獎牌（Bill Rowan Medal，頒發給完賽成績在7.5到9小時之間的跑者）。

他們說，只有兩個方向的比賽都參加過的人才算真正跑過戰友馬拉松——而且如果這兩場比賽是連續完成的，還能獲得一面特別的銀牌。而倘若你真的很有毅力和耐力，你也可以像來自南非希爾克雷斯特（Hillcrest）的戴夫‧羅傑斯（Dave Rogers）一樣，完成破紀錄的45次比賽（1961年他參加第一場戰友時才18歲）。但就算只參加一次，也足以讓你了解為什麼這會是「終極人類比賽」了。

首要祕訣

- 穿著你所擁有最舒適的運動鞋。
- 不要隨意接受別人給你的水袋——手如果不乾淨，可能很快就會引起上吐下瀉。
- 帶頂遮陽帽，但注意上面不得有任何標誌（除了主要贊助商的之外）。

比賽路線在德爾班市與彼得馬里茨堡市之間的多條主幹道上。

29 自虐狂路線

原始山地馬拉松
ORIGINAL MOUNTAIN MARATHON

📍 英國，地點每年都不同　〰️ 高地荒原與山地　 從菁英級的4000+公尺到D級的2000公尺　📅 10月　🌐 www.omm.com

距離

40-80公里

時　分　秒
`0 9` `1 3` `4 6`
成績取決於比賽級別

`1 3` `1 0` `4 2`
托拜亞斯的完賽時間

70%
完賽率

第一天的賽程有50公里，進入阿爾斯沃特湖（Ullswater）周圍的昆布連山（Cumbrian Hills）。才跑三小時，我就遭遇了挫敗。「抱歉兄弟，我不行了，」我告訴我的隊友，同時我的股四頭肌又抽筋了一次，臉上痛苦的表情十分猙獰。我低估了原始山地馬拉松，這是一場為期兩天的賽跑兼定向越野賽，既考驗你的登山技巧，也考驗你的腿部肌肉。但那是在2005年，當時叫凱力莫國際山地馬拉松（Karrimor International Mountain Marathon，簡稱KIMM）。換了贊助商和新名字後，我在四年後重返，這次下定決心要完成。

OMM從1968年舉辦到現在，向來在10月最後一個週末舉行。3000位堅忍不拔的人前往英國的某地，地點每年都不同，但總是非

夜裡，上千頂的帳棚海是相當壯觀的景象。

常偏遠，而且總是「高低起伏」（北英格蘭的高地跑者可能會這樣形容）。和其他山地賽事一樣，參賽者必須組隊合作（在這項比賽裡是兩人一組），背上所有需要的物品：睡袋、帳棚，和夠撐36小時的食物。由於禁止使用GPS裝置，因此必須準備地圖和指南針來找路，要跑過溼軟的地面、翻越讓人抓狂的山丘、跨過多岩的山澗和長滿石南的山谷，同時還要一直尋找通常位在沼澤中央的檢查點。

OMM有八種不同的賽程，可以根據自己的經驗選擇。從80公里菁英賽到適合熱情新手的40公里賽，以及適合有登山健行經驗者的半日檢查點活動。要完成我們參加的A級65公里賽，關鍵是專項訓練，以及拿捏好要帶多少食物和保暖衣物——這樣才能盡可能減輕裝備重量。雖然菁英跑者用一個10-15公升的背包就可以裝下他們所需的一切，但絕對不要作出任何可能讓你在夜裡飢寒交迫的妥協。相信我，有食物才會有士氣。一般認

地圖到出發時才會發放，因此邊跑邊導航的能力是關鍵。

為，需要4000大卡才能確保你有精力應付第二天的跑步。小巧、高熱量的食物（例如冷披薩或壓縮水果棒）就非常理想。另外，第一天也可以冒險帶些比較有分量的食物（例如三明治或貝果），在前幾個小時內吃掉。反正這些東西你也不用背太久。

另外，選擇好的搭檔也很重要。雖然第二次參加OMM時，我跑得比搭檔快，不過他比我有登山經驗，導航能力也較好，當你必須在沼澤、高地、溼地和石南地奔跑12個小時以上時，這樣的組合非常棒。同時你也要記住，菁英類別的優勝者是以7小時跑完馬拉松的配速在跑，所以速度不是問題。關鍵是集中訓練你在凹凸不平的地面上跑步的能力（尤其是下坡），當然也要練習導航技巧。萬一跑錯方向，跑再快都沒用！

憑著這些基礎，加上我的搭檔擁有超強

的導航能力，我們盡情享受比賽，總共花了13小時又10分鐘完成。毫無疑問，我在山區度過了一個非常愉快的週末。雖然我們又冷又溼、偶爾還迷路，但我終究是解決了OMM這個魔鬼，征服了那座山。

下：這場比賽向來在10月的最後一個週末舉行，因此天氣經常變化莫測。

右：地點每年都不同，而且十分保密，要到比賽前幾個月才會公布。

首要祕訣

- 少即是多：裝備愈輕跑得愈快。
- 如果對自己的導航能力沒把握，就參加比較短的賽程。菁英長程賽（Elite Long Score）適合之前參加過OMM的老手。
- 若找不到合適的隊友可詢問主辦單位。總是會有其他處境相同的人。

自虐狂路線

30 布雷馬聚會丘陵賽
BRAEMAR GATHERING HILL RACE

 蘇格蘭布雷馬村　 高地荒原　390公尺　📅 9月　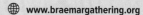 www.braemargathering.org

距離

5.6公里

時　　分　　秒
0 0 2 4 2 8
（已知）最快時間

0 0 4 0 3 0
托拜亞斯的完賽時間

99%
完賽率

我會成為丘陵賽跑和高地荒原路跑的某種鐵粉，幾乎可以說是意外。有時候初體驗會留下不可磨滅的印記，無論是好是壞。而我第一次嘗試跑上長滿石南、崎嶇難行的山坡，絕對不完全是出於自願。

2006年我還在當兵時，我的軍團參加了布雷馬皇家高地聚會（Braemar Royal Highland Gathering）。這項活動舉世聞名，尤其因為出席者都是名人——不是別人，正是女王陛下和其他皇室成員。女王以支持三軍出名，因此我的上校認為，派幾位初級軍官去參加再恰當不過。很明顯，我們沒有人能勝任拋桿賽，因為這是項專門活動，我們「平地人」不太會。不過，我們都可以跑步。因此有什麼比提議參加著名的莫羅內丘陵賽（Morrone Hill）更好的呢？與其說是提議，不如說是命令，因此我準備好面對接下

來的事：這場賽跑似乎是5.6公里左右，爬升只有396公尺。

「莫羅內」這個名字也可翻譯成「大山丘」或「大鼻子」，從1832年起就開始有人

在這裡賽跑。那時的人把比賽場地從附近略矮一些的肯尼斯峭壁（Creag Choinnich）搬過來，這座小山的第一場賽事是在1068年左右，就算不是全世界最古老的丘陵賽，也肯定是大不列顛歷史最悠久的。比賽一開始是先跑一圈400公尺的草地田徑跑道，伴隨著歡呼、鼓掌、高亢的風笛聲與群眾的狂歡聲。很容易忘記，此舉的目的只是為了讓所有參賽者稍微分散，並讓你對前途沒那麼敏感。

一旦出了田徑場，你就可以算是被「放生」了！主辦單位語氣堅決地告知我們，關門時間是45分鐘，倘若趕不上，就沒有機會從剛才出去的大門回來：大門將會當著我們的面牢牢關上。而且，除了遲到的恥辱外，我們還不准重回田徑場。我不打算遭受這樣的命運，因此用飛快的速度起跑，抱著一貫的熱忱，相信兩腿會毫無困難地快速帶我到山頂。但我卻沒料到會有那麼多岩石和曲折的道路，更別說我還有點不確定哪條路可以最快抵達山頂。我比想像中還要氣喘吁吁地到達山頂的五座圓錐形石堆，可以喘個幾秒鐘，眺望肯哥姆山脈（Cairngorms）令人驚嘆的全景。當然，還要領取發給每位爬上最高點跑者的腕帶。

不過時間緊迫，我這才頭一次明白：爬

布雷馬皇家高地聚會。

上山頂是一回事，下山又是另一回事。往下的路線比往上的困難多了，根本無法看出跑哪條路最快。更別提哪條最平穩了——雖然不大可能有這樣的路。我不想效法其他某些參賽者，一屁股坐在地上用滑的，但事實證明，要保持用雙腳踩地是相當大的挑戰。

我原本以為會輕而易舉，結果卻出乎意料。我確實靠雙腿成功通過了大門，但我必須承認，我的這兩腿擦傷、痠痛、狀態不佳，卻還要繞著田徑場跑完勝利的最後一圈。我的完賽成績是40分30秒，比優勝者整整慢了15分鐘。不過觀眾的歡呼和掌聲令人驚喜，而且當時的我身為現役軍官，有三軍統帥蒞臨鼓掌，增添了一種並不是每一場高地荒原賽跑都有的氛圍。

我只能說，這是非常棒的體驗，後來也確實讓我喜歡上丘陵和高地荒原的冒險活動。如果你9月的第一個星期六碰巧會在布雷馬附近，我衷心推薦你去試一下。

比賽開始時，先在女王陛下的注視下跑一圈草地田徑跑道。

首要祕訣
- 順其自然地循著山徑上下比較不費力。
- 把手放在膝蓋上有助於緩解背部疼痛。

自虐狂路線

31 紅牛越野淘汰賽

📍 英國峰區希望谷　〰️ 高地荒原　📶 1400公尺　📅 10月　🌐 steeplechase.redbull.co.uk

距離

34公里（全程）

時　分　秒

0 2 3 5 0 0

（已知）最快時間全程

0 3 1 9 2 8

托拜亞斯的完賽時間（第27名）

8%
完賽率

不論是什麼比賽，你都有可能無法完成。但一場幾乎「保證」完成不了的比賽卻相當罕見。諷刺的是，這正是紅牛越野淘汰賽的重點。這場高地荒原賽跑在峰區（Peak District）舉辦，有個殘酷的特殊規則：500位參賽者中，只有前30名男子和10名女子可以完成比賽，剩下的人會在各村鎮的教堂尖塔遭到淘汰。跑完全程的人要跑34公里、爬升1400公尺。比賽由紅牛贊助，這家公司以贊助各種古怪但艱難的賽事聞名，因此吸引了形形色色的運動員，從超馬跑者、探險越野賽選手到當地的高地荒原跑者和馬拉松選手都有。

　　比賽的起點距離終點卡色頓（Castleton）有幾公里遠。依照正統的紅牛風格，且為了確保每個人在第一賽段都能發揮到自己的毅力，一開始就是一段嚴酷的考驗：從母親山（Mam Tor）的側面爬上去。由於沒有固定線，我們必須自己找出上山頂的路，抓

RED BULL STEEPLECHASE

住青草、植物的根以及任何你找得到的東西吃力地爬上近乎垂直的山丘。不過一旦到了山頂，我們就獲得回報，可以沿著巴克堤陵線（Barker Bank ridge line）跑，俯瞰湖區迷人的全景。我很想停下來欣賞風景，不過之前的參賽者建議，若想有機會完成四個賽段抵達終點，那麼到班福特村（Bamford）的第一座尖頂時，你的名次必須在35名內。對我來說，不完賽可不是個選項！

當我以第40名的身分抵達班福特時，我已經跑了13公里，攀升了580公尺，這時我可以理解為什麼許多跑者（確切來說是165位）很高興不用再往前跑。但就像一場成功會延長痛苦的比賽，我繼續向前跑，決心堅持到底。

峰區的山丘或許不如鄰近湖區的山那麼高，但同樣嚴峻。

首要祕訣

- 帶雙抓地性能優異的高地越野跑鞋。
- 若想跑完全程，那麼在通過第一座尖頂時必須跑進前35名。

左頁：參賽的500人中只有
40位能跑到終點。

右：34公里加上超過1400
公尺的爬升，你看起來應該
會有點狼狽。

145 | 紅牛越野淘汰賽

第二賽段比較短，只有6公里左右，不過高度爬升310公尺，所以基本上感覺好像大多時候都在上坡。我會瞄一下旁邊的跑者，試圖判斷他們是否比我快。但我學會了絕對不要以貌取人，在這群高地跑者、障礙跑選手、超馬跑者以及一位菁英馬拉松選手中，任何事情都有可能。

賽道有些在私人土地上，混合了高地荒原、山徑和馬路等地形。我們前一刻還在農用道路上全速前進，下一刻就得踮著腳尖穿梭在岩石間，祈禱不會絆倒摔跤──但當然還是有些人免不了。另外，雖然有很多屬害的跑者，但有些人今日狀況不佳。他們自知無法跑完全程，因此還不到檢查點就停下來，讓真的想繼續的人先通過。對於我們這些真的想完賽的人來說，這是場真正的比賽，並不是和地形對抗，而是與身邊的每位跑者較量。在希望村（Hope）又淘汰了1/3的參賽者，剩下身強體壯的125位男子和45位女子選手，力拚第三和最後一座尖塔。

第三賽段，也就是從希望村到伊戴爾村（Edale）的10公里路，是我賽跑生涯中最讓人頭痛的經驗之一。我的大腿快要抽筋，小腿則因為長時間踮著腳尖而痛得半死，而且由於在前一個補給站水喝得不夠，我還口渴得要命。但通過第二座尖頂時我排名32，不能再浪費時間了，因此我沿著狹窄小徑狂奔，還像遭人追殺似地不時回頭看。

在出發2小時40分後，我抵達第三座尖頂，真的是疲憊不堪。由於看錯了計數器，我差點以為無法在關門前到達，不過後來發現我排名26：我成功了！事實上，無論我花多少時間跑完第四個（也是最後一個）賽段都無所謂，因為除非迷路或斷腿，我都可以堂堂正正地自稱全程完賽者。於是我放鬆下來，享受回到卡色頓的最後5公里路，並且對自己感到非常滿意。

比賽結束後，大會提供免費的烤豬肉。跑完這場精采的賽事，是該好好用餐、愉快享受剩餘的時光了。

自虐狂路線

32 持久活力沿海越野系列賽
ENDURANCELIFE COASTAL TRAIL SERIES

📅 系列賽在10月-5月舉行（南德文郡是在2月）

📍 南德文郡比桑德村與英國各地　〰️ 山徑與丘陵　🪜 1500公尺　🌐 www.endurancelife.com

距離

56公里（南德文郡超馬組）

時　分　秒

0 4 4 3 0 0
（已知）最快時間

0 5 1 3 0 0
托拜亞斯的完賽時間

超馬完賽率 **71%**

如果你曾經渴望探索更多不列顛迷人的海岸線，參加持久活力沿海越野系列賽的活動就對了。這系列賽在10月到5月間舉行，充分展示了英國海岸線最具代表性的地點，從南德文郡（South Devon）到多佛（Dover），再一路往北到諾森伯蘭郡（Northumberland）。每個地點都有四種距離可以選擇，包括嘻皮笑臉的10公里賽、半程馬拉松、全程馬拉松，甚至累人的超級馬拉松，全都可以視自己的身體狀況及承受痛苦的能耐來決定。但是有件事是肯定的：無論選擇哪種距離，都保證風景美麗又多山。

沿海越野系列賽已經成為英國非常受歡迎的山徑越野系列賽，這點我可以證明。我參加過他們三場賽事，包括爺爺級的南德文郡超馬。南德文郡是沿海越野系列賽的發源

地，因此倘若只參加一次，那就一定要選這個「粉絲朝聖經典」！

比賽起跑點在迷人的漁村比桑德（Beesands），離京斯布里治（Kingsbridge）不遠。賽道位在一個法定特殊自然美景區（Area of Outstanding Natural Beauty）內，是視覺的饗宴與雙腿的磨難。嶙峋的岩石、沙灣、漫長艱難的爬坡和美得難以置信的狹窄小徑……所有令人難忘的一日遊要素統統都有。

這些活動的氣氛都非常熱烈，主要是因為比賽在星期六早上開始，讓參賽者有完美的藉口可以趁機度個週末。畢竟，大老遠到英格蘭西南部卻沒有充分領略遠近馳名的德

如賽名所示，沿海越野系列賽帶領參賽者沿著不列顛最壯觀的海岸線奔跑。

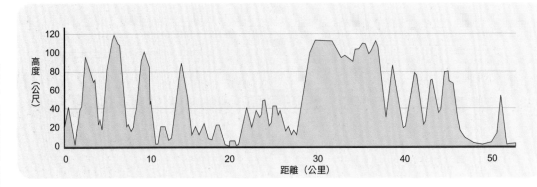

文郡丘陵、古樸別緻的村莊和適合野餐的沙灣，實在太可惜了。

不論選擇哪種距離，前5公里都是沿著海岸線攀爬短而陡峭的斜坡，因此會喘得相當厲害，尤其在接近起始角（Start Point）的時候。不過等到達大史來登岩（Great Sleaden Rock）後，賽道會分岔，跑10公里的人返回出發點，其他人則繼續沿海岸前進。

主辦單位持久活力公司（Endurancelife）非常清楚在英國的海岸線跑步有什麼危險，因此堅持要求參賽者帶一些必要物品，從防水外套、急救包到充足的水和手機——在部分賽段上，有這些物品能讓人安心。

超馬賽道循著海岸線至少16公里，在剛過朴茨茅斯高地（Portsmouth Down）不遠處的畢都角（Biddlehead Point）轉彎，然後順著部分原路折返，在大約24公里處快到東普拉爾村（East Prawle）時轉向內陸。在這裡，地形從美麗的狹窄小徑變成德文郡丘陵的騎馬專用道和人行小徑，不過依然頗具挑戰性。這片丘陵爬起來一樣很痛苦，地面有些地方泥濘不堪，而且有高高的樹籬，所以看不到任何風景。

到達討厭的尾段時，45公里已經跑完大半，經過馬拉松的終點區後，只需要繼續重複往下到起始角的那圈10公里再回去。超馬不僅是精神上的艱難考驗，也會讓身體筋疲力盡。你不只得要求雙腿再跑11公里，還要客氣地請問10公里組的跑者能否讓你通過，他們比超馬組晚三個小時出發。

但最棒的是，當一切結束，你可以選擇到海裡游個寒冷但提神的泳，並為自己在午餐前跑完一場超級馬拉松而感到高興。

沿海越野系列賽會讓人上癮，有許多跑者試圖完成整個系列賽。

首要祕訣

- 南德文郡超馬是在2月舉行，防風夾克或保暖袖套會非常有用。
- 地面有些地方溼滑，因此需要抓地力佳的越野跑鞋。
- 把iPod和耳機留在家裡，好好享受海浪拍擊岩石的聲音。

自虐狂路線

33 文德米爾馬拉松

📍 英國湖區文德米爾湖　〰️ 馬路　🪜 500+公尺　📅 5月　🌐 windermeremarathon.com

距離

42.2公里

時　分　秒
0 2 2 3 1 6
（已知）最快時間

0 3 0 7 2 5
托拜亞斯的完賽時間

關門時間：6小時30分

98%
完賽率

如果有人告訴你文德米爾馬拉松的路線很平坦，他們絕對是騙你的！「高低不平」更適合用來形容這場風景優美但難度驚人的馬拉松，路線是繞英格蘭最大湖泊一圈。但只要想到這是布雷塞十天十馬（Brathay 10in10）的第十場也是最後一場馬拉松，你就會停止抱怨，並讚嘆那些連續十天每天跑這條路線

跑者的手指按在碼表上，耐心等待起跑的信號。

的勇者——他們都是為了幫助布雷塞廳信託基金。

　　文德米爾馬拉松從1982年起舉辦到現在，獲得過許多讚譽，包括被《跑者世界》（*Runner's World*）雜誌封為英國「風景最美馬拉松」。但是直到2007年，布雷塞信託基金60週年的時候才首次舉行十天十馬的活動，這個慈善機構成立的目的是為了幫助弱勢兒童和年輕人。

　　這項賽事的起點和終點都在布雷塞廳（Brathay Hall）壯麗的庭園，跑者以逆時針方向繞文德米爾湖（Lake Windermere）一周。但在這場賽事中，人人都會展現良好的禮節：在主要賽事開始前一小時，所有的人都會走到布雷塞廳長長的車道上，為參加十天十馬的勇者送行。到了這個階段，他們許多人是靠洛克貼和純粹的毅力才能勉強撐住，全都決意要跑完。這是他們最後一場馬拉松，而且很有可能是本週情緒最激動的一

WINDERMERE MARATHON

鼓手帶領跑者前往出發點。

場。我目送他們出發時，他們的動作幾乎像機器人，讓我不由地為他們超凡的努力感到無比欽佩。

現在輪我們跑了。前方的文德米爾湖在陽光下閃耀，我們先在布雷塞廳前面的草坪集合，然後由當地的鼓樂隊帶領前往起跑線。氣氛極為熱烈，因為很多跑者都是十天十馬選手的朋友或家人。這是他們表達「我們向你們致敬！」的方式。我們先前沒有跑過九場馬拉松，所以動作比較不像機器人，但由於前5公里是逐漸爬升，所以很多人都花了好幾分鐘才進入狀態。

我已經提過這片丘陵了，不過在這裡要再說一次：雖然不到阿爾卑斯山的標準，但毫不間斷的起伏卻給人好像在坐雲霄飛車的感覺。此外，偶爾也有極為艱難的上坡，除了很強的跑者以外，所有人都只能用蹣跚前進，尤其是大約11公里處那段1.6公里長的路。

你在前半段不會特別清楚地看見文德米爾湖，因為大腦在忙著設法維持某種形式的配速。一直到湖盡頭的紐比橋（Newby Bridge），景色才開闊起來，不僅能清楚看到湖，還可以看到周圍的丘陵。更重要的是這裡感覺像是象徵性的中途點，雖然還差了大約1.6公里。

由於是慈善義跑活動，賽道上的支援

是一流的。每位工作人員都費盡心思確保參賽者在補給站能得到需要的一切，他們全都是志工。此外，你經過的每一個村莊，從霍克斯黑德村（Hawkshead）到安布塞德鎮（Ambleside），都會在你經過時為你加油，讓你感覺備受歡迎。

跑到湖的頂端、距離布雷塞廳不遠的時候，我幾乎有點難過我快跑完了。賽事的精神、氣氛、人、絕佳的風景，以及可以繞著英格蘭最大湖泊奔跑的事實……很容易明白為什麼大家都會再回來跑。看到十天十馬的完賽者，我非常訝異跑步竟然能造成那麼大的痛苦卻又帶來那麼多的快樂！

左下：很多比賽都很有社團的感覺，而文德米爾馬拉松是同類型賽事中氣氛最友善的之一。

下：1萬3000年前形成的文德米爾湖是英格蘭最大的天然湖泊。

首要祕訣

- 把山坡跑訓練納入計畫中，你會非常需要！
- 記住你參加那年的十天十馬選手是誰，這樣你就能理解他們經歷了什麼才能走到那一步。
- 順便度個週末，文德米爾湖周邊有很多可看可做的事。

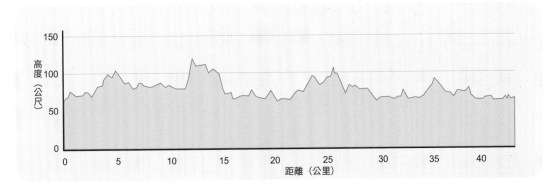

自虐狂路線

34 格力茲里越野賽 GRIZZLY

 英國德文郡　～～ 泥地、山徑、海灘、沼澤、丘陵　 1067公尺

📅 3月

🌐 axevalleyrunners.org.uk/grizzly

距離

32公里

時　　分　　秒
0 2 1 1 0 0
（已知）最快時間

0 2 4 3 2 3
托拜亞斯的完賽時間

99%
完賽率

倘若問英格蘭西南部的跑者：格力茲里越野賽怎麼樣？在他們努力描述的過程中，你會看到一連串齜牙咧嘴的怪相和其他的扭曲表情，還夾雜著幾聲長嘆。這場在英國大受

歡迎的賽事堪稱英國最艱難的山徑越野賽之一。就連賽事主辦單位——斧谷跑者（Axe Valley　Runners）都很難提供有效的描述，他們的網站上只說：「在時間結束前，你會跑

左頁：比賽從西頓鎮的濱海大道開始。　　　　　　　　　　上：2000雙腳同時在礫石海灘上奔跑的聲音十分驚人。

過大約30公里的泥地、丘陵、沼澤、海灘等
多種地形。」從我的參賽經驗看來，這些描
述只是冰山一角。

　　比賽的起點與終點都在東德文郡侏羅紀海
岸（Jurassic Coast）的海邊小鎮西頓（Seaton）
，是場不折不扣的跑步俱樂部大會，起跑線上
色彩繽紛的俱樂部背心就可以證明這點，此

外也有不少前面提過的斧谷跑者──穿著黃色
背心。自1988年創辦以來，格力茲里越野賽每
年都選用不同的座右銘。2012我參加的那年是
「每座山都有一線光明」。2015年是「跑到發
癲」，但我想我最愛的（或許也是最貼切的）
應該是2004年的座右銘：「痴狂與健康」。

　　格力茲里越野賽是那種除非自己參加過

無論在水邊還是在較高處奔跑都很費勁。

有兩段賽道在海灘上，會讓你渴望乾燥的地面。

否則可能就沒聽過的比賽。這說法本身就有點矛盾。或許這是因為格力茲里越野賽是個有點受到保護的祕密。事實上，這項比賽在2016年時已經是第28屆。儘管賽道難度很高，這項賽事卻大受歡迎，必須採用抽籤來選出參賽的2500名「幸運」跑者。

　　一抵達西頓鎮，你馬上就會發現這場比賽真的超級有特色。當西頓鎮的街頭公告員在出發點朗讀一首詩時，你大概就知道前方有什麼在等著你了。接著當他揮舞鈴鐺，你就要出發了！

　　我愚蠢地排在前排，所以一開始是在帶頭跑，完全不知道要去哪裡，或接下來會發

首要祕訣

- 面帶微笑——尤其是在跑丘陵、海灘和沼澤的時候。
- 在海灘賽段要放輕鬆，因為這比看起來還難。
- 綁緊鞋帶，以免鞋子掉在沼澤裡！

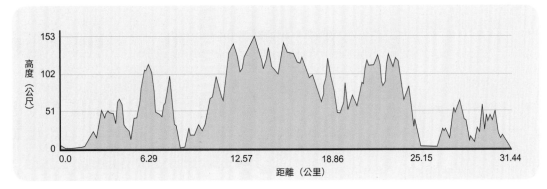

生什麼事。但當我踏上將近1公里長的礫石海灘時，我立刻理解了這場比賽為什麼這麼受到尊崇。幾千雙腳踩在卵石上的聲音非常驚人，因此終於又回到堅硬的地面上時，我不僅雙腿獲得解脫，感官也得到了舒緩。不過離開海灘的喜悅非常短暫，因為我們緊接著就步履艱難地爬上了似乎是幾千座山丘裡的第一座。

倘若有條賽道是為了讓人迷失方向而設計的，那就是這條了。謝天謝地，還好有路標。這條賽道上的曲曲折折簡直比一盤麵條還多。而且每轉一個彎都會出現一點驚喜，有蘇格蘭風笛手、吹奏澳洲原住民迪吉里杜管的人、喜馬拉雅神殿薰香的氣味和經幡……你的想像力會肆意狂放。在這場比賽中，我最喜歡的事情之一是沿途都放置了有用的鼓舞標誌。我最愛的是「英國7/5的人口不懂分數」，逗得我大聲狂笑。途中有許多令人愉快的支援工作人員，好像幾乎所有人都在發糖果。有個工作人員看見我在大笑，就揶揄地拒絕給我軟糖，因為他說我好像玩得太開心了。我向他保證我沒有太開心，然後就像隻飢餓的動物般從他手上搶走一顆糖，然後疲倦地爬上另一座令人腳軟的山丘。

繼續沿著路線前進時，我非常清楚主要的亮點——那片惡名昭彰的沼澤——還在後頭。即使在乾燥的日子，那裡也是一大片泥濘地，是許多失蹤運動鞋的墳場。我偷偷慶幸自己不是單獨經過那裡，因為萬一陷進去，一定要人幫忙才能脫身。我拖著腳步沿迂迴曲折的小徑跑，像蝸牛一樣留下一條泥巴和水的痕跡，看著倒數的里程（他們故意做相反的里程碑來攪亂你的腦袋），最後終於到達階數似乎比帝國大廈還多的「天堂的階梯」（Stairway to Heaven）。階梯鑿在懸崖邊上，簡直是最後致命的一擊。

我的身體陣陣抽筋，終於抵達山頂，獲得的獎勵是看到了終點——正是大約2.5個小時前出發的地方。我恢復了精力，愉快地飛奔下山，強忍著股四頭肌的疼痛，沿著海濱步道跑完最後一段路，以第15名衝過終點線。

當地消防隊用水管幫我沖洗時，我感覺好像剛剛打開了一扇魔法大門的鑰匙——雖然痛苦，卻也帶來了一生不可磨滅的記憶。記住我的話，這將會是你參加過最棒的比賽之一！

高難度路線

高難度路線

35 神之國度探險越野賽

GODZONE ADVENTURE RACE

📍 紐西蘭（地點每年改變）　〰 山徑、河流、馬路、高山

📅 2月

🌐 www.godzoneadventure.com

距離

530公里

時　分　秒

8 9 3 6 0 0
（已知）最快時間

1 4 0 2 2 0 0
托拜亞斯的完賽時間

50%
全程完賽率

「我不確定有沒有辦法繼續下去，」我對兩位隊友說，一面脫掉襪子、露出發白的腳底。由於過去幾天一直下雨，我的腳底起了又大又深的皺摺，而且還痠痛得不得了。

過去48小時來，我一直堅持苦撐，用盡每一分精神力量來繼續前進——至少要到達轉換區。我在凱庫拉灣（Kaikoura Bay）划海上獨木舟之後愚蠢地沒換襪子，接著又騎登山車穿過普希峰（Puhi Peaks）茂密的植被，因此花35個小時登上那座2885公尺高的山峰，可算是壓垮我可憐的腳的最後一根稻草。我每走一步，感覺都像踩在火燙燙的煤爐上。由於只睡幾個小時，我沒有足夠的時間把腳晾乾。加上還要再走至少三天，我有生以來頭一次想要放棄。

嚴格說來，神之國度其實並不是賽跑，而是探險越野賽，不過我還是收錄進來，因為這項賽事真的非常棒！先為不知情的人介紹一下：神之國度是紐西蘭一場530公里不間斷的遠征型探險越野賽。比賽地點每年都不同，但保證都是千載難逢的冒險。不過當然，那得看你喜不喜歡徒步橫越荒野地帶、攀登高山、在河上泛舟、在海豚之間划海上獨木舟、騎登山車跨過私有土地，而且全程幾乎完全不睡覺。

神之國度這場比賽中有許多我的第一次：第一次參加探險越野賽、第一次划海上獨木舟、第一次在三級激流中泛舟、第一次到紐西蘭，而最重要的或許是第一次遇見我的隊友，他們來自世界各地。你可以說，探險越野賽不像馬拉松或三項全能，並非主流運動。它不僅困難、昂貴，而且你必須擁有一套廣泛的技能。儘管如此，這項巨大的挑戰還是有它自己的獎勵。

如果想知道自己是否真的「辦得到」，可以想像一下：先跑環白朗峰極限越野賽，緊接

隊伍穿過紐西蘭南阿爾卑斯山的內陸凱庫拉嶺（Inland Kaikoura Range）。

著參加鐵人三項，然後是德維茲到西敏獨木舟賽（Devizes to Westminster Canoe Race），最後再以征服者之路（La Ruta de los Conquistadores）登山車賽作結。而且在這整個過程中幾乎不睡覺，只靠地圖和指南針來導航。這樣你也許就能比較了解神之國度是個什麼樣的比賽。

　　神之國度這類遠征長度的探險越野賽和一般耐力賽的不同之處是中途不停，意思是計時從某個星期六開始，只有在越過終點線時才停止，有時長達十天。參賽者必須自行補給，攜帶在那一階段生存所需要的一切，到達轉換區才交換裝備、領取食物。

　　同時這也是團體賽，隊伍中必須包含至少一位異性。另外，彼此的距離必須保持在100公尺內，因此想找到擁有必要技能又能跟自己配合的隊伍絕非易事。而且只要有一位無法完成比賽，整個隊伍就「不算排名」。遺憾的是，我們在第三站之後失去了女性伙伴。路線一直到比賽當天才公布，參賽者有幾個鐘頭的時間搞清楚要去的地方，以及每站需要的食物和裝備。下一次休息的機是在大約一星期後。

上：在雄偉的南阿爾卑斯山當的映襯下，你有很多時間可以沉思。

左頁上：雖然比賽在夏季舉行，但高山上還是很常見到雪。

左頁下：參賽者有機會越過克拉侖斯河（Clarence River）的某些三級激流。

進入比賽48小時後，我坐下來吃東西並設法晾乾我的腳。我心裡已經放棄，但倘若我真的棄賽，我的隊伍也必須放棄。知道他們仰賴我繼續下去是個沉重的負擔，但我必須承受。休息幾個小時後，我的頭腦冷靜下來，身體也恢復了一些。今天不是放棄的日子。

幸好下一站是夜間騎登山車160公里，穿過莫爾斯沃斯莊園（Molesworth estate）一直到漢默泉（Hanmer Springs）。在不需要跟睡意奮

戰的時候，騎車是我雙腳喘息的好機會。不過那卻很短暫，因為接下來就是24小時的翻山越嶺，對一個罹患浸泡足的人來說簡直是惡夢。由於路線選得不好，我們順著一條小溪從源頭走到河流，整夜在溼滑的河床上走了超過13個小時。這事我光想到就發抖。

因為睡眠不足的緣故，煩躁的程度上升，幽默感則開始降低。這時能讓大家團結在一起的是隊友間的打趣笑鬧，明白彼此需要對方，且大家有抵達終點的共同目標。

過了最初那感覺彷彿永無止盡的48小時後，接下來三天過得相對迅速。沿著胡魯努伊河（Hurunui River）泛舟100公里，短短2小時的登山車，一段艱難的定向越野型沿海健行，接著再一段登山車，到達最後一段：在海上划獨

木舟30公里，然後在一小群海豚的陪伴下回到
凱庫拉。

　　若問我參加過的比賽中哪個最棘手，那麼
神之國度的排名是相當前面的。這趟旅程不僅
穿過紐西蘭南島的中心，也開闊了我的思維，
拓展了我自我設定的極限，讓我在完賽後幾乎
是個全新的人。可惜同樣的情況並不適用在我
的腳上！

首要祕訣

- 一定要有至少二星的泛舟／獨木舟技術。
- 選擇你所能找到最舒適的越野跑鞋，因為
  有大量的時間要靠雙腳走路。
- 隊伍裡至少要有兩個人會導航。

上：從河口涉水而過時，想保
持衣服乾爽往往是白費工夫。

左：最後一階段包括在海上
划獨木舟25公里回凱庫拉半
島，背景中有海豚在游泳。

36 跨越阿爾卑斯山越野跑

TRANSALPINE-RUN

德國、瑞士、奧地利、義大利　　 山徑、技術型路線　　1萬6310公尺　　📅 9月　　🌐 en.transalpine-run.com

距離

268公里
（2010 年那屆是320公里）

時	分	秒
3 4	0 6	5 3

最快個人時間（已知）
（最快隊伍：所羅門，成績28:29:27）

| 4 2 | 1 2 | 2 4 |

托拜亞斯的完賽時間，第15名／75

60%
完賽率

當我跟別人說起Gore-Tex跨越阿爾卑斯山越野跑時，自己常覺得那聽起來簡直太美好了：花八天跑300公里，穿越四個國家（瑞士、義大利、德國、奧地利），在世界最迷人的山脈宛如世外桃源的山徑上爬升不可思議的1萬6000公尺。有什麼理由不喜歡呢？雖然這些數字可能會讓身邊最親愛的人有點驚嚇，但對一個超馬跑者來說，這聽起來卻有如樂音。

跨越阿爾卑斯山越野跑首次舉辦是在2005年，目前已經在山徑越野跑界發展出一點祕教崇拜似的聲望，因此在比賽日的好幾個月前，300個隊伍的參賽名額就全數額滿。由於是團體賽，你必須慎重考慮希望和誰共處漫長的八天，一起跑將近300公里。其實沒幾個人可以選。我選擇了幾年前跑過叢林馬拉松的軍中朋友，相信一定能夠勝任這項挑戰。

不像其他許多超級馬拉松多日賽需要攜帶所有必要的裝備和行李，你唯一需要隨身帶著

左：拉瓦雷多三尖峰（Tre Cime di Lavaredo）提供了絕佳的背景。

右頁：清澈湛藍的湖泊、瀑布、森林、白雪覆蓋的高山，跨越阿爾卑斯山越野跑全都有。

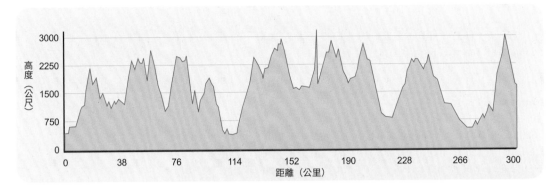

左頁：鑽出雲層、抵達山頂，景色美到要人命。如果有時間回頭欣賞就好了！

上：由於是團體賽，每對跑者必須一直待在一起。

的是成套的應急物品，例如：防水外套、保暖上衣、手套、帽子和手機。在爬到3000公尺高的山峰時，你應該會慶幸有帶這些東西。

賽前有很多事讓人大傷腦筋。我的訓練足夠嗎？萬一我或隊友受傷了怎麼辦？我該穿哪

種跑鞋？該選擇哪種水袋背包？還有那個永恆的問題：要不要帶登山杖？我花了很多時間擔憂這些問題，不過隊友和我一站上起跑線，聽著擴音器大聲播放AC/DC 樂團的曲子，光是在場的興奮感就占據了我們所有的感官。當你進入阿爾卑斯山美得令人痛哭流涕、忘記呼吸的風景中，忽然間這些問題都不重要了。

晚上你可以選擇住旅館，或是選擇比較便宜、比較正宗的方法：和幾百位跑者一起睡在運動中心的地板上，他們許多人在換衣服時不像英國人那麼害羞。第二個選項是深度體驗、結交朋友的最好方法，但那也表示你偶爾會在半夜被打鼾、咳嗽，以及……嗯，其他聲音的

國際協奏曲吵醒。

除了晚上睡個好覺之外，最重要的是盡力確保兩人都不受傷。很可惜，我的隊友在五天後不得不退出，因為他的膝蓋出了嚴重的問題。這裡的地形嚴酷，有很多攀升與下降，你的膝蓋和腳踝絕對不會感謝你。倘若隊伍中有一人退賽就不會有官方的團隊排名，而會成為「個人完賽者」。

跨越四個國家是非常特別的體驗，尤其是起點在德國阿爾卑斯山，終點在義大利阿爾卑斯山，或者相反過來，因為路線方向每年交替。無論哪個方向，你都可以跑過雄偉的多洛米蒂山（Dolomites）一些通常不會出現在旅遊

路線上的區域。在我看來，這是世界最棒的山徑越野跑之一，但讓這項賽事這麼棒的是在這裡遇見的人。每天晚上，在跑完漫長的一天後喝杯啤酒放鬆一下，氣氛都很像在開派對。

　　當你分享照片給身邊最親愛的人看，他們定會完全明白跨越阿爾卑斯山越野跑的吸引力。

穿越多洛米蒂山的時候，每個人都會驚嘆這座山的美。

首要祕訣

- 北歐健走杖可能是天賜的禮物。
- 務必補充足夠的水分，而且每天晚上都補足碳水化合物。
- 帶個小背包，這樣比較不會帶到不必要的物品。

高難度路線

37 叢林超級馬拉松 JUNGLE ULTRA

📍 祕魯馬努國家公園　〰️ 叢林小路與河流　📅 6月　🌐 www.beyondtheultimate.co.uk/jungleultra.asp

距離

230公里（五天）

時　分　秒

18 11 00
（已知）最快時間

28 22 00
托拜亞斯的完賽時間

73%
完賽率

基於一點點遺傳上的好運，我天生就會跑步，這是我到了某個歲數才發現的。你在本書的其他章節中一定有看到，我成功跑完了在沙漠和高山舉行的多日賽。但在祕魯馬努國家公園（Manu National Park）安地斯山脈3200公尺高的雲霧林裡，我卻在多岩的小徑上走得很辛苦，幾乎無法呼吸，更不用說挪動雙腳了。感覺彷彿有人殘忍地把我的鞋帶綁在一起，並偷偷在我背包裡塞滿磚塊，再套個塑膠袋在我頭上。真正令人沮喪的是，這第一屆叢林超級馬拉松的第一階段我才「跑」了五分鐘多，前方還有225公里的路。

多日賽十分艱辛。連續不斷的操勞會對身體造成損傷。參賽者要攜帶七天份的食物和裝備，每天跑4到14個小時不等，希望能安然無恙地抵達過夜營地，吃點東西、照料雙腳、睡覺，每天重複同樣的動作，持續一個星期。毫無疑問，這類型的比賽非常嚴酷。

叢林超級馬拉松屬於極限超級馬拉松系

叢林超級馬拉松的出發點是在3048公尺以上的雲霧林帶。

列賽（Ultimate Ultras，叢林、沙漠、冰原、山地）之一，和其他比賽沒什麼不同。這場超馬有230公里，分五個階段，參賽者必須沿著原始的叢林小路跑、涉過小溪與河流、攀爬峭壁、利用滑索橫越峽谷、爬過倒下的樹木、走過泥地，還要在卵石河床上吃力地走上至少30公

里。對其他17位和我一起排在出發點的國際選手來說，這一切不知怎地似乎令人嚮往——儘管持續不斷的溼氣不僅毀了我們的衣服，也傷了我們的身體，還有一堆生物等著來咬我們。

由於這是祕魯第一次舉辦這類型的比賽，主辦單位超越極限（Beyond the Ultimate）也是第一次舉辦賽事，所以我們大家對這一切都很陌生。我問他們路線是怎麼決定的，結果他們告訴我，有人的叔叔曾經順著一條小徑走，然後沿著某某路線走到了另一端。但那是40年前的事！所以我們走的小徑其實是原始的叢林小路。我覺得自己就像個勇敢的探險家。

不像許多其他多日賽有提供帳棚，這場賽事的裝備清單上有一件必要物品：吊床。好了，我率先承認，睡吊床聽起來相當浪漫，但我可以跟你保證，除非是在熱帶海灘上，否則這一點也不浪漫。我們很多人從來沒睡過吊床，更別提架設吊床了，所以半夜會聽到古怪的尖叫聲，因為有人的吊床自行鬆開了。另外，由於沒有人料到夜裡氣溫會下降這麼多，我們都只帶了絲質睡袋內套，所以只能把所能找到的衣物全都包在身上，根本睡不著覺。

但當我們穿過亞馬遜盆地，看見巨大的火蟻、避開蛇、跋涉過數不清的河時，我不由地對叢林以及裡面的居民心生敬意。事實上，晚上我們經常跟當地部落一起露營，他們從來沒見過像我們這樣的人。雖然我們不該接受，但

他們親切地讓我們品嘗他們的食物。脆皮雞腿看起來不大可靠，結果卻非常美味。

幾乎所有的多日賽通常都有一天比其他天更困難。若沒仔細研究，你可能會認為第五天92公里的「長途賽段」叫人擔心。但事實卻非如此。名叫「間歇」（the Lull）的第四賽段才

參賽者沿著專為比賽開闢、非常原始的叢林小徑賽跑。

左：要渡河的地方超過75處，有時需要援手。

下：村民的熱情加油幫助蓋伊‧詹寧斯（Guy Jennings）和我越過終點線。

是這場叢林冒險真正的魔王。那天似乎永無止盡，參賽者要攀登陡峭無比的山，必須拉住藤蔓才爬得上去，而從另一邊下來時，身手還必須像雪羊那麼靈巧才行。

　　回首來時路，我曾在垂直懸崖的側面緊緊抓著植物的根部、奮力抵抗螞蟻、涉過河川、看著壯麗的瀑布、和新結交的朋友一起大笑、邂逅當地部落、不小心塞住村裡唯一的廁所，不得不請村裡長老來疏通——這些時刻全是我珍藏至今的回憶。

首要祕訣

- 賽前練習一下在吊床上睡覺。
- 露指手套有助防止雙手割傷。
- 夜間保暖裝備要帶夠，天氣可能會很冷。

高難度路線

38 撒哈拉沙漠馬拉松

MARATHON DES SABLES

📍 摩洛哥撒哈拉沙漠　〰 沙漠、岩石地面、沙丘　📅 4月　🌐 www.marathondessables.com/en

距離

250公里

時　　分　　秒
202100
（已知）最快時間
240100
托拜亞斯的完賽時間

關門時間：（第一、二賽段）10小時；
（第三賽段）10小時30分；（第四賽段）36小時；
（第五賽段）12小時。總共78.5小時（大約是最慢
跑者的成績）

90%
完賽率

倘若你在人生的某個時刻需要考慮參加一場比賽，那麼選擇撒哈拉沙漠馬拉松（MdS）應該錯不了。尤其如果你已經自稱是超馬跑者的話。因為不管你喜不喜歡，別人最先問你有沒有參加過的絕對是那場「沙漠中的賽跑」。在它30年的歷史中，這場馬拉松已經攫獲了成千上萬人的想像力。

這項賽事我完成過兩次，所以我可以根據血淋淋的切身經驗告訴你，事後再去反省假如有第二次機會你會怎麼修正，總是很容易。因為一般而言，「一生一次的比賽」你是不會參加超過一次的（「一生一次」這句話本身就暗示了這點），而MdS尤其如此。確實，光是報

左頁：擴音器播放著AC/DC樂團的曲子，MDS每個賽段的出發時刻都令人難忘。

永遠不必擔心迷路——只要跟著前面的人就行了！

名參賽的費用、投入的訓練時間、更別提實際完成比賽，應該就足以讓人打消嘗試第二次的念頭。但卻有30%的參賽者是「累犯」，顯然這賽事有些魅力，能吸引人一再回來。

MdS每年4月在摩洛哥南部舉行，是250公里長、為期六天、橫越撒哈拉沙漠的比賽。由於沒有支援，選手的額外挑戰是每天都必須背著至少2000大卡的食物，還有睡袋和一些其他必需品。

前三個賽段大約每天30-37公里，只是為第四賽段「長征日」暖身，這段大約有80到90公里。這是每個跑者都害怕的一段，要嘛成就你，要嘛毀了你。最後一段「只是」馬拉松而

在沙地奔跑並不容易，但跑完250公里你就會掌握到竅門。

首要祕訣

- 背包愈輕跑得愈快，要設法把背包精簡到不含水7公斤以下。
- 學會照顧雙腳，因為腳會決定你有多享受這場比賽。
- 經常補充少量水分。脫水是你的大敵。

檢查點是你降溫冷卻的好機會。

已，不過難度經常遭到低估。那是因為參賽者到了最後一天就以為自己「勝券在握」，反而把自己一週以來為生存所做的一切給忽視了。

但不管多有天賦，想在酷熱的撒哈拉沙漠穿越沙丘，克拉彭公地（Clapham Common）都不是理想的訓練場地。事實上，3月的某天下午，我在巴勒姆大道（Balham High Road）慢跑，帶了只能以「正式彩排」來形容的全套裝備，結果就引起了路人的困惑。

有人也許會說，一個人是否喜歡MdS主要取決於兩件事：長了多少水泡，以及跟帳棚室友相處得好不好。只要先在腳上貼氧化鋅運動貼布，並提早察覺熱點，你就可以避免長水泡。同樣的原則也適用於帳棚室友。選擇帳棚室友由自己決定，你可以在賽前就選好，或者像我在2013年參賽時一樣，到了營地再選。但選擇要明智，因為你要跟他們相處很長的時間。

沙漠可以變得非常炎熱，這並不讓人意外。出發時的平均溫度多半是35度左右，如果適應了就沒問題。但我就算上過彼克拉姆熱瑜伽課程，第四賽段中午氣溫上升到攝氏54度，還是讓我無法承受。那是75公里的長征賽段。

而如果你是職業選手，會把自己逼到耐力的極限，即使是菁英運動員也會向沙漠屈服。

現在MdS是超級越野世界巡迴賽（UTWT）的一員——UTWT是極為困難的超級馬拉松系列賽，由推廣世界某些最出名的山徑越野賽的組織主辦——因此開始吸引各式各樣的菁英運動員，全部都想爭奪前十名以及對他們在UTWT整體排名有價值的積分。

幸虧關門時間很寬裕，所以只要你一直在駱駝前面，就非常有機會完成比賽。但你若渴望在比賽中有優異的表現，事情就可能出錯。一直讓身體處於極限狀態，同時還要努力不要脫水、迷路、因為打點滴而被扣分、忘記拿水、亂丟垃圾，還有最重要的照顧雙腳……如果你能連續這樣六天，把身體逼到極限，你就會表現得很出色！倘若沒有，那你就會再回來。

高難度路線

39 拉瓦雷多超級越野賽

LAVAREDO ULTRA TRAIL

📍 義大利科提納鎮（Cortina）　〰〰 高山　　🏔 5850公尺　　📅 6月　　🌐 www.ultratrail.it

距離

119公里

時	分	秒

1 2 3 4 0 0
（已知）最快時間

2 3 2 3 0 0
托拜亞斯的完賽時間

關門時間：30小時

67%
完賽率

長久以來，我一直認為如果打算跑荒唐的長距離，那不如到風景優美的地方跑。而世上應該很難有什麼地方比多洛米蒂山更美的了。這片聯合國世界遺產指定地是個不折不扣的遊樂場，有高低起伏的頂峰、尖頂、尖塔和塔樓，全都融入蒼翠的景色中，即使出現在《魔戒》小說裡也不會顯得怪。

其中最美的是拉瓦雷多三尖峰（Tre Cime di Lavaredo），這是三座巨大的山峰，坐落在義大利南提洛（South Tyrol）和貝盧諾（Belluno）兩省交界處。最高的是大峰（Cima Grande），只差令人扼腕的1公尺就達到3000公尺。和姊姊環白朗峰極限越野賽（UTMB，參閱第188頁）不同的是，拉瓦雷多就像個讓人不願分享的珍貴祕密，大家都是私底下傳的。北面拉瓦雷多超級越野賽的參賽名額比較容易取得，但完賽同樣留給人深刻印象，是極限越野跑者的賽跑聖地。然而，賽道119公里長加上要爬升5850公尺，這比賽並不適合膽小的人。事實上，如果這些數字讓你想坐下來喝一杯、穿上壓力褲，那我會建議你選擇稍微平緩的科提納越野賽（Cortina Trail），

大多數人會進行兩次夜跑。

長47公里爬升2650公尺,還是不容小覷。或者如果你想看到整座安佩佐山谷(Ampezzo Valley)的美景,那麼20公里的科提納天空跑(Cortina Skyrace)也許更適合你。

但是,如果你患有任何形式的跑步錯失恐懼症,你就會在晚上11點站到科提納安佩佐高級滑雪度假村的義大利大道(Corso Italia)的鐘塔下面,在數百盞頭燈的光芒中,準備整夜長途跋涉。所有夜間出發的超級馬拉松的氣氛都是興奮中夾雜著惴惴不安,拉瓦雷多也不例外。

雖然比賽是在6月底舉行,這時天氣好很多,但在山區雪線以上的賽段仍有積雪堵塞道路的危險,或者有濃霧或雷雨。拉瓦雷多除了是美國西部100英里耐力賽的資格賽並提供UTMB的四點積分之外,也是超級越野世界巡迴賽的一員,因此吸引了一些超級馬拉松賽名氣最響亮的人物,從蘿瑞‧博西奧(Rory

跑者有30個小時可以返回科提納鎮——比賽的起點和終點。

黎明時跑過山區是寒冷又不可思議的體驗。

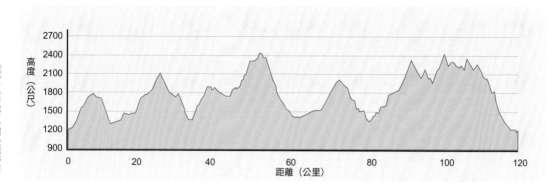

不難看出為什麼參賽者會一致同意這是歐洲賽程表上最美麗的賽事之一。

Bosio，兩屆UTMB冠軍）到經常打赤膊的山徑越野跑傳奇安東·克魯皮奇卡（Anton Krupicka）。

雖然在30小時內跑完119公里聽起來很寬裕，但若把賽道的技術細則和讓人腿軟的上下坡也考慮進去，其實一點也不充裕。這是難度極高的比賽。和其他同距離的超級馬拉松一樣，你最大的心理負擔就是抵達理論上的中途點，在這場賽事中是在奧龍佐山屋（Rifugio

Auronzo，賽道的48公里處），你可以在這裡拿到自己托運的行李——如果你想換襪子或補充食物的話，這也許能讓你提振士氣。當然，沿途有八個食物飲料補給站，你有很多別的機會囤積物資。順利的話，跑到這裡時，黑夜已經轉成白晝，你會開始欣賞周遭的風景：迷人的樹林、碧藍的湖泊、白雪覆蓋的山峰、從山上垂下來宛如阿凡達般的瀑布、第一次世界大戰的遺跡……有時美到讓你招架不住，恨不得自己帶了相機。

這種性質的活動既是競賽也是旅程，你會想要與人分享。雖然我獨自前往，但完賽時我臉上掛著笑容，還認識了一些新朋友，並受到科提納鎮當地居民的熱情招待，他們在街道兩側列隊，歡迎參賽者回來。當然，超級馬拉松就是這麼回事。除非想要衝上頒獎臺，否則對我們普通人而言，這就是個感受氣氛的好機會，可以和同行跑者一起氣喘吁吁、哼哼咕嚕，純粹陶醉在當下。因為這是一場永生難忘的比賽。

最上：一名跑者正跑向2236公尺高的吉奧山口（Giau Pass）——在那裡他將能欣賞到安佩佐盆地的壯麗美景。

左：安東·克魯皮奇卡獲得2014年拉瓦雷多超級越野賽的冠軍。

首要祕訣

- 帶台相機或智慧型手機，因為這條路線的風景絕佳。
- 穿有避震緩衝效果、抓地力強的越野跑鞋。
- 健走杖會讓你輕鬆許多。

40 環白朗峰極限越野賽
ULTRA-TRAIL DU MONT-BLANC

📍 法國霞慕尼（法國、義大利、瑞士）　〰️ 高山——雨、雪、太陽　🪜 1萬公尺　📅 8月　🌐 www.ultratrailmb.com

距離

170公里

時	分	秒
20	11	00

（已知）最快時間

| 31 | 34 | 52 |

托拜亞斯的完賽時間

關門時間：46小時

60% 完賽率

星期五傍晚5點半，我站在霞慕尼鎮中心的教堂旁邊，聽著擴音器播放范吉利斯的〈征服天堂〉，沐浴在陽光下。陽光在積雪的白朗峰頂投下詭異的光芒，它就矗立在我們上方，像個永遠存在的朋友。有那麼幸福的幾分鐘，我幾乎忘了前方的艱鉅任務。也幾乎忘了太陽要東升西沉好幾次之後我才能休息。忽然一聲槍

響，我從正念的狀態驚醒過來，捲入了一波手、腳和登山杖的浪潮中：比賽開始了。

我們的任務很簡單：要在46小時內環繞西歐最高峰跑170公里再回到霞慕尼。但當我瞥一眼旁邊小跑步的其他超馬跑者時，我必須提醒自己我們之中會有多達一半的人無法完賽。

環白朗峰極限越野賽（UTMB）是歐洲

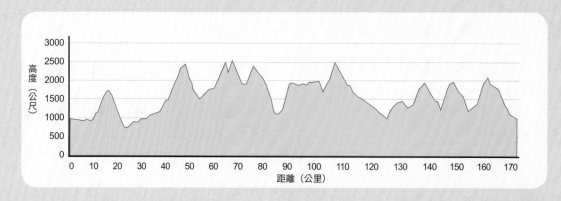

在大約160公里長的賽道上，參賽者要攀升的高度總和超過聖母峰。

（如果不是全世界）超馬界的全國大賽。菁英及業餘的超馬跑者都聚集在一起，在歐洲最具代表性的健行路線：白朗峰環線（GR5）上一決高下。大多數健行者的目標是在大約10-12天內走完步道，但UTMB的優勝者卻是在20小時後就回到霞慕尼。他們的跑步速度實在讓人難以想像。事實上，報名的過程也一樣。光是能站上起跑線就是一種成就了。儘管提供了2300個名額，但申請人數卻遠遠超過。因此幾年前，主辦單位引進了報名抽籤加上積分制度，以確保唯有經驗充足的跑者才能申請——但並不保證他們一定能抽中。在我撰寫這本書的時候，你必須在前兩年內完成最多三場比賽獲得九分。

路線包含了十段主要的爬坡，這大致決定了你該怎麼把比賽分段。大多數的坡都算可以跑，只是有幾個需要技術的上下坡，可以讓你保持警覺，並希望不要摔個狗吃屎——當然這還是很有可能發生。

UTMB的主要前提是自給自足，以及能夠在各個茶水站之間獨立自主——這表示你不僅要能自行補充食物和水分，萬一天氣變壞或不幸受傷，你也應該要有能力應付。因此有一張相當詳盡的清單，列出參賽者需要攜帶的必備物品，從防水裝備到急救毯都有。賽道沿途會

上與右：跑UTMB時，每一刻
都能看到壯麗的景色！

左：天氣異常好的話，途中經
過的湛藍湖泊是令人愉快的
調劑。

右：有人說UTMB義大利段的
風景最美。

右頁：在前一天出發的31小
時又34分鐘之後，我回到霞
慕尼。

首要祕訣

- 印出路線剖面圖，以便知道上下坡路段在哪裡。
- 看你需要在什麼時間抵達檢查點，擬出一份實在的時間表。
- 登山杖非常有用。

突擊檢查，所以非帶在身上不可。幸好，補給站非常值得一看。由於要餵食賽道上的2300位跑者以及幾乎一樣多的志工，可供選擇的食物飲料無窮無盡，從麵包、熱湯、起司到餅乾、蛋糕、水果都有。領先的選手可以獨享這一切，但等到後面的跑者過來，補給站就會變得

比倫敦星期五晚上的土耳其烤肉店還要熱鬧。

雖然優勝者會在星期六午餐時間之前成功到達目的地，但一般跑者的完賽時間大約是在35小時到關門的46小時之間。這表示大多數人會夜跑不只一次，而是兩次。

我最初的目標是在28小時內完成，因此會在夜幕第二次降臨前完賽。第二個目標是30小時，純粹因為這個數字聽起來不錯。第三個目標是在午夜之前。跑了20小時後，我的阿基里斯腱吶喊著要我停下來，於是前兩個目標就落空了。諷刺的是，當我疲倦遲緩地回到霞慕尼時，卻有一種巨大的成就感，成績是31小時34分——比我的第三個目標晚了四分鐘！

高難度路線

41 鮑伯格雷姆環線
BOB GRAHAM ROUND

 英國湖區凱西克鎮 ～～ 高地 | 8230公尺 隨時可以挑戰 | ⊕ www.bobgrahamclub.org.uk

距離

66公里

時　分　秒

1 3 5 3 0 0
（已知）最快時間

0 0 0 D N F
托拜亞斯的完賽時間（未完成）

關門時間：24小時

30%
完賽率

星期六凌晨將近1點，我和跑步搭檔亞當一起站在凱西克鎮（Keswick）的集會所外面抓著門把，由亞當的父親為我們拍照。

「笑一個！」

我彆扭地對著相機咧嘴笑，努力不要在閃光燈亮的時候眨眼。不遠處，一群朋友聚

集在一名累斃了的跑者身邊，有的拿著炸魚薯條，有的拿著啤酒。他們正在慶祝她擠入大不列顛最高檔的跑步俱樂部：鮑伯格雷姆環線俱樂部。

一般而言，是否能完成比賽我通常心裡有數（不像第142頁的紅牛越野淘汰賽）。但由於每三人之中只有一人能成功完成鮑伯格雷姆環線，形勢對我們不太有利。

幾分鐘後，在寥寥幾個狂歡者的見證之下，我們出發了。我們彼此對時，開始在夜裡奔跑，開著頭燈，光束在反射率高的表面上跳躍。我們朝著高聳的斯基多峰（Skiddaw）前進，這是42座山峰裡的第一座。

不過鮑伯格雷姆環線並不是比賽，也沒有偽裝成比賽的樣子。不需要報名費，沒有

鮑伯格雷姆環線的起點和終點都在凱西克鎮的集會所。

必要裝備清單，也沒有獎金、獎牌或T恤。完賽的獎勵是能夠成為某個團體的成員，而這團體的人數比爬過聖母峰或游過英吉利海峽的人還要少。

為了取得進入鮑伯格雷姆環線俱樂部的資格，你必須登上湖區42座最高的山峰，同時跑過106公里、爬升8230公尺，全部要在24小時內完成。直到2014年7月那個災難性的週末前，我完全沒概念那有多困難！

在嘗試鮑伯格雷姆環線之前，「明智的」人應該先考慮幾件事。第一，大多數人絕對不會沒有先偵察過幾次路線就跑去嘗試鮑伯格雷姆環線，這路線剛好可以切成五段。偵察不僅能讓你了解路線、找出最佳賽跑路徑，更重要的是能讓你明白自己即將遭遇的是什麼。

第二，徵求友人及鮑伯格雷姆環線俱樂部的成員來協助你。如果人緣很真的好，會有一位朋友為你導航、另一位當你的挑夫，為你搬運必要的補給品，例如食物、水或備用衣服。這些人會在途中道路可通的四個地點換手，讓新成員上場。

第三，要小心謹慎地研究路線，盡可能熟記，並了解等高線的走向。

第四，制定嚴謹的時間表，讓你知道自己需要在什麼時間抵達各座山峰。就像跑馬拉松一樣，你必須非常實際地判斷自己多快能跑完鮑伯格雷姆環線，而且要留一小段緩衝時間，以防萬一遲到。

第五，嘗試前必須先向鮑伯格雷姆環線俱樂部祕書登記，而且在每座山頂都必須有一名見證人——這就是你必須跟別人一起做的原因。

最後，你必須挑個黃道吉日，一般而言愈接近夏至愈好，因為這樣日照時間最長，也最有機會遇上好天氣。萬一下雨、能見度不高，你就必須是個看地圖的大師，或者擁有性能非常好的全球定位系統。但如我們發現的，湖區無法保證有好天氣。

由於不是高地荒原跑者，我沒意識到在

鮑伯格雷姆環線沒有一處是平地！

這種地形上跑步有多麼困難。這裡沒有明顯的山徑可循，你就只能採取最佳路線——不論是跨過沼澤、石南地、岩石，或高地荒原。另外，斯科非爾峰（Scafell Pike）和斯科非爾山（Scafell）之間有個相當棘手的地方叫「寬台」（Broad Stand），特別容易發生事故。在鮑伯格雷姆環線上，這是和攀岩場最相像的地點，若想避免讓沃斯代爾山區救難隊來援救的話，就必須縝密計畫。

遺憾的是，等到我們跑完第三段路、大約64公里24座山峰抵達沃斯代爾海德（Wasdale）時，已經落後了預定計畫90分鐘。由於能見度不佳、雲層低、天氣惡劣，我們跑得太慢，這表示我們在24小時內完成環線的機會幾乎是零，因此我們決定收工。

雖然沒有完成鮑伯格雷姆環線，但我很享受在高地度過的17小時中的每一刻。湖區也許是英國最迷人的地區，無論是只跑一段、花好幾天走完環線、還是在24小時內達成，在山上就是一種樂趣。而且原本的嘗試變成了一場偵察——也不算一無所獲。

首要祕訣

- 先和熟悉賽跑途徑的人一起偵察整條路線。
- 要花至少六個月的時間訓練。
- 擬時間表時要切合實際。

湖區這一帶有點偏僻，所以給人平和寧靜的感覺。

高難度路線

42 三峰高地路跑賽

THREE PEAKS RACE

英國約克郡谷地里伯斯戴爾荷頓鎮　高地　1608公尺　4月　www.threepeaksrace.org.uk

距離

37.3公里

時	分	秒	
02	46	00	（已知）最快時間
04	25	00	托拜亞斯的完賽時間

87% 完賽率

如果你只打算參加一場高地賽跑，那麼不妨參加高地路跑賽程表中最重要的賽事：三峰高地路跑賽，又名「山岳馬拉松」。為了避免混淆，我指的不是最近變得非常流行的全國三峰挑戰賽（Three Peaks Challenge），也不是蘇格蘭群島山峰賽（Scottish Islands Peaks Race）或三峰帆船賽（Three Peaks Yacht Race）。不，我說的是約克郡的三峰（Yorkshire Three Peaks）：渾塞德山（Whernside）、印格波羅山（Ingleborough）和朋根特山（Pen-y-Ghent）。

三峰環道是約克郡谷地（Yorkshire Dales）的眾多經典步道之一，許多人把這裡當成挑戰，以12小時內走完一圈為目標。但三峰高地路跑賽的關門時間是在6小時左右，因此絕不是讓你在公園裡散步。事實上，要報名參賽必須證明自己有些高地路跑的經驗，或至少有相當不錯的馬拉松成績。

高地路跑本身幾乎就是一種運動，需要毅力、耐力，以及上山下谷的導航能力。只要看著高地跑者的照片，你就會在他們臉上看見鋼鐵般的決心。他們只靠一件俱樂部運動背心和布料極少的短褲就能抵擋北方的凜冽氣候。但高地路跑也需要一定程度的自給自足能力，自從1978年的「極度惡劣天氣」之後，安全規則修改成參賽者必須有充足的經驗和某些必要裝備，目的是讓參賽者萬一不幸失敗時能夠自己下山。這就是為什麼按照高地跑者協會（FRA）的規定，參賽者必須攜帶地圖（儘管賽道已有標記）、指南針、哨子、帽子、手套、防水外套，和一些「應急食物」。以防萬一。

這個比賽可以追溯到1954年，當時只有六名跑者，三位完賽。之後它逐漸受到全國各地高地跑者的喜愛，並在2008年主辦了世界山地長跑錦標賽（World Long Distance Mountain Running Championship），躍上世界舞台。比賽的前提很簡單：在關門時間內跑到前面提及的三峰再回到里伯斯戴爾荷頓鎮（Horton-in-

跑者跑向三座山峰的第一座：694公尺高的朋根特山。

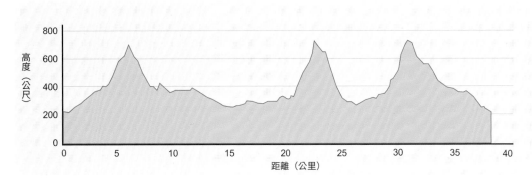

即將抵達朋根特山頂峰。

Ribblesdale），共37公里多，過程中大約爬升1600公尺。

　　假如你只想輕鬆跑個幾公里來抖抖腿，最好重新考慮一下。才出發幾分鐘，你就會來到第一座山的山腳下——高694公尺的朋根特山。如果你之前沒練習過把雙手放在膝蓋上，你很快就會掌握到竅門。氣喘吁吁地跑40多分鐘抵達山頂之後，我能理解為什麼他們稱這賽事為「山岳馬拉松」。與阿爾卑斯山相比，三峰或許較矮，但是確實後勁很強。

　　在（電子計時系統）中打卡之後，我立

刻順著剛才來的方向匆匆跑回去，繼續前往下一座山峰：渾塞德山——這也許是三座中最累人的一座。由於距離16公里，沿途又是一連串崎嶇難行的小徑和溼軟的地面，這時最好裝點食物和飲水，因為抵達那座等著你的龐然怪物時，你會很需要這些東西。

　　渡過里伯海德（Ribblehead）附近一條看似很小卻很深的河流，再涉過一座害很多人掉鞋子的大沼澤後，你就要運用雙手雙腳攀上渾塞德山的南邊。一爬到山頂，你很快就會被風吹跑。絕對沒有人想在這裡逗留。

　　下一座是印格波羅山，奇怪的是這座感覺並不太糟。但那可能是因為你知道這是最後一座。但不要因此產生錯誤的安全感。這座山的山頂是與斯科非爾峰類似的岩石露頭，必須有松鼠般的敏捷身手才有辦法不去扭到腳。但比起名叫薩爾伯刻痕（Sulber Nick）的奇怪石灰岩地質現象（在那裡你必須用老鷹般的注意力留心腳下），這倒是不算什麼。

　　返回里伯斯戴爾荷頓鎮花費的時間出乎意料地長。等我在4小時25分鐘後越過終點時，我不禁對高地路跑的世界和約克郡三峰高地路跑賽產生了新的敬意！

首要祕訣

- 學會下山的技巧——下山會耗費你很多時間。
- 在朋根特山與渾塞德山之間要裝些食物和飲水。
- 配合天氣帶適當的衣服，不要只帶FRA所要求的最低限度的衣物。

高難度路線

43 基里安越野經典賽 KILIAN'S CLASSIK

📍 法國庇里牛斯山脈豐禾穆鎮　〜〜〜 山徑　🪜 1700+公尺　📅 7月　🌐 www.traildefontromeu.com

距離

45公里

時　分　秒

`0 4 1 7 0 0`
（已知）最快時間

`0 6 4 6 0 0`
托拜亞斯的完賽時間

71% 完賽率

在高山與超級馬拉松界有個耳熟能詳的名字：基里安・霍爾內特（Kilian Jornet）。這位西班牙超馬跑者和登山滑雪家在許多座高山上都創下速度紀錄，例如馬特洪峰（Matterhorn）、白朗峰、德納利峰（Denali），在世界很多條最棘手的山路上也創下已知最快時間。他還贏了全球各地幾乎所有主要的山地賽跑，從美國西部100英里耐力賽（Western States 100）到硬石100英里耐力賽（Hardrock 100），堪稱耐力賽世界之王。這個男人出生在西班牙庇里牛斯山脈的高海拔地區，讓他成為有史以來最頂尖的高山運動員之一，因此這場比賽以他來命名，

滑雪纜車空無一人，跑者奔向數千公尺高的滑雪站。

實在再恰當不過。

　　基里安越野經典賽又叫「豐禾穆山徑越野賽」（Trail de Font-Romeu），創辦於2011年，起點在庇里牛斯山脈東部的山城豐禾穆（Font-Romeu）。這個地方以滑雪聞名，但也許較不為人知的是，這裡也有最先進的高海拔訓練中心，奧運選手寶拉・拉德克里夫（Paula Radcliffe）、莫・法拉（Mo Farah）和許多其他選手都是常客。基里安也是在這裡發現他對山地跑的熱愛。

　　但在這個特別的週末，這裡成了所羅門國際團隊（Salomon International Team）的基地。他們把這場賽事當成一個機會，讓自家菁英運動員聚在一起，放鬆一下、盡情享受山區跑步，沒有表現的壓力。對報名參賽的2000人來說，這則是和超馬界的搖滾巨星見面打招呼的機會，從基里安・霍爾內特、艾蜜莉・佛斯貝里（Emelie Forsberg）到安娜・佛洛斯特（Anna Frost）和萊恩・山德斯（Ryan Sandes）。幸好所羅門的運動員比其他人晚兩分鐘出發，讓我等凡人有機會跟巨星一起跑，就算只是幾步而已。

　　雖然純正的超馬跑者可能會偷笑，居然把45公里長的基里安越野經典賽稱為超馬，因為這距離只比馬拉松多3公里而已，但這依舊是個需要認真對待的任務，而且因為海拔很高，很多參賽者要花上大半天才能完成。不過如果這一切聽起來有點太難，也有較短的25公里可以選擇。無論如何，這條穿過葛瑞芙（Grave）與卡利特（Carlit）兩座山谷的路線都有一些吸引人的特點，從迷人的狹窄小徑到需要技術的礫石堆。有些路段非常陡，我看見

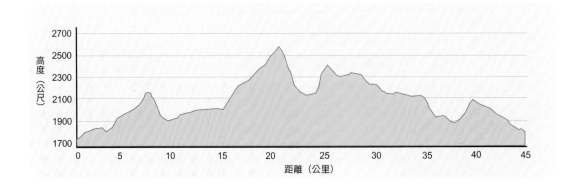

不少人坐著往下滑。再加上有碧藍的湖泊、白雪覆蓋的山峰與山澗，你一定會驚訝為什麼庇里牛斯山上沒有更多的山徑越野跑者。

由於整場比賽都在高海拔地區進行，從不低於1700公尺，最高上升到2581公尺，我和其他許多人一樣，大部分時間都上氣不接下氣，只能步履艱難地爬上近乎垂直的高山，利用間隔7-8公里的補給站來補充能量、藉機喘口氣。有些爬坡非常困難，我不得不在半途停下來讓雙腳休息。

在將近七小時後（落後基里安兩個半小時），我回到豐禾穆鎮，完全重振了我山徑越野跑的魔法力量。我享受到一種平和寧靜的感覺，這是我在比賽中不常體驗的，不過或許那正是重點。基里安越野經典賽其實不是比賽，而是傳達個人對山地跑步的熱情的一種方法。

左頁：由於大多數路線都在2000公尺以上，所以儘管比賽在7月舉行，雪卻不罕見。

左：跑者謹慎地爬下碎石坡。

首要祕訣

- 與其說這是一場比賽，不如說是一趟旅程，所以盡情享受。
- 登山杖可能派得上用場，因為有些很長的爬坡。

44 薩尼史戴格耐力賽
THE SANI STAGGER ENDURANCE RACE

📍 南非　　〰 山徑　　🏔 1600公尺　　　　📅 11月　　🌐 www.sanistagger.com

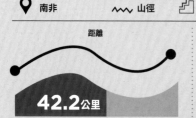

距離

42.2公里

時　分　秒
0 3 0 4 1 3
（已知）最快時間/男子賽道紀錄

0 4 4 6 0 0
托拜亞斯的完賽時間

71%
完賽率

薩尼史戴格賽是南非最艱難、最具代表性的馬拉松。所以當我發現我們11月到南非度假正好會碰上比賽時，我問太太湛安是否願意跟我一起參加。一般說來，任何比賽只要名稱中含有「痔瘡山」、「自殺彎」或「踉蹌」（譯注：史戴格的英文Stagger有踉蹌之意），要嘛就是開了某種不當的玩笑，要嘛大概就是想給不知情的人警告。我們之間的對話如下：

我：所以，我們可以參加嗎？
湛安：你知道那非常、非常難吧？賽道沿著薩尼山口（Sani Pass），那是非洲最危險的路之一，可是出了名的讓人崩潰。
我：嗯，那條路先是往上爬再往下走。但畢竟只是馬拉松而已，不會比UTMB來得難吧。
湛安：好吧，那後果你自己負責！到時別

說我沒警告你。不管怎樣，我們兩人之中我比較明智，所以我要參加半馬。

事實上，我太太可能是對的。如果你考慮在高聳的納塔爾龍山山脈（Natal-Drakensberg Mountains）跑馬拉松，前21公里就要痛苦地爬升1600公尺，之後再折返下山，所以接受一些專門訓練也許是明智的。

雖然克拉彭公地或巴克斯山的蜿蜒路都很棒，但這場耐力賽的賽道一年只會有一次由人來跑，其餘時間都只有四驅車、驢子和勇敢的摩托車手或登山車手上去，所以即便在最好的狀態下都是個挑戰。汽車禁止通行——因為他們認為汽車「不夠猛」，無法爬上急劇升高的陡坡。儘管如此，這項由薩尼運動俱樂部（Sani Athletic Club）籌辦的著名賽事早就收藏在我的夢想清單裡，因此我決定去試一試——

雄偉壯麗的薩尼山口。

或至少努力看看，倘若能搶到名額的話。開放報名的時間在8月1日早上9點，同一天就會額滿。半馬名額有230個，馬拉松有500個。顯然這世界瘋子很多！

比賽從薩尼山口飯店出發，要跑過高爾夫球場才能到達賽道。我只穿了克拉彭追逐者俱樂部的運動背心，而且因為有點遲到，所以愚蠢地沒有停下來抹上厚厚的防曬乳。由於比賽起點位在海拔1566公尺處，山口頂巔則在2873

公尺處，這是相當嚴重的失誤。我很快就發現，我的肩膀不喜歡那麼接近非洲的太陽。

但這遠遠比不上沿著高山賽道步履艱難地往上爬。這裡的平均坡度是1:20，但後半段有超過1000公尺的爬坡，許多賽段的坡度是1:4。我通過無數個髮夾彎，有些恰當地取名為雙子溪（Twin Streams）、冰角（Ice Corner）和大

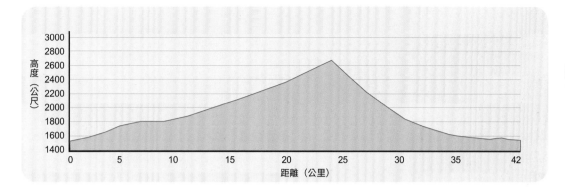

彎角（Big Bend Corner），可以想像搭乘交通工具的話一定十分驚悚。而徒步也好不到哪裡去。等我抵達21.1公里的中間點時，說我感覺狀態不佳就太輕描淡寫了。我汗流浹背又脫水，一邊咒罵自己輕忽了高海拔加上非洲太陽對跑者造成的獨特影響。我心情真是糟透了。

當我在兩個半小時後終於抵達山頂時，我已經累得幾乎連話都說不清了。我開心地瞥見湛安，她正要開始跑半馬（她幾乎全程都和我一起跑，要是沒跟我一起跑她的表現會更好）。幸運的是，頂峰和賴索托王國的入口只在幾百公尺外。可惜我沒帶護照，無法到國界另一邊享用一下南非最高的酒吧。我別無選擇，只能無力地繞著看起來孤伶伶的交通錐跑一圈，再往回跑下山。

此時我的雙腿已經像兩袋果凍。如果有人認為上坡路很難，那麼下坡路也有暗藏的重重危機。滑動的石頭與高低不平的地形需要極度專注地應付，在感覺自己已經在山坡

上竭盡全力、股四頭肌快燒起來的時候，這非常難做到。

說實話，我不能說這是我最美好的時刻，但每個跑者一生中都會有那麼一刻不得不捨棄自尊與純粹的頑固。我承認，薩尼史戴格大概是我最爛的個人最佳成績，拖到漫長的4小時46分，不過這也是我跑過最漂亮、迷人、特別的馬拉松之一。越過終點線回到出發地時，我非常高興地收下完賽獎牌，感到十分自豪──雖然，如果要再參加一次，我會多跑幾趟巴克斯山！

首要祕訣

- 除非下雨，否則沒必要穿越野跑鞋。
- 若不是南非國民的話，需要臨時參賽許可證（R35）。只有參加半馬的跑者需要護照，因為半馬的起點在山頂，可以選擇進入賴索托王國。全馬的賽道還不到邊界。
- 計算預估完賽成績時，要在馬拉松的個人最佳成績上再加至少一個半小時。

雖然下坡視野比較漂亮，但是對股四頭肌來說非常要命。

高難度路線

45 湖區一日超級馬拉松

LAKES IN A DAY ULTRA RUN

📍 英國湖區　　〰 山徑與高地荒原　　 4000公尺

📅 10月

🌐 **www.lakesinaday.co.uk**

距離

80公里

時	分	秒
1 0 3 7 0 0		

（已知）最快時間

1 3 3 1 0 6

托拜亞斯的完賽時間

89% 完賽率

在山上跑步的樂趣之一是有風景可賞——如果沒有跌進沼澤、踩進泥巴、走過水花四濺的溪流、爬上陡直山丘的話。當然，比賽時確實很少有時間站著欣賞周遭美景，但如果你跑的剛好是湖區一日超級馬拉松，那誘惑幾乎是難以抗拒的。

　　我一聽說這個由開拓冒險公司（Open Adventure）首辦的比賽，就迫不及待地報名參加。尤其因為這不是普通的「環形」或「由東到西」的路線，而是一路從湖區頂端的卡德貝克村（Caldbeck）開始到尾端的卡美爾村（Cartmel）結束。而且，參賽者有整整24小時跑完大約80公里，爬升天殺的4000公尺，這代表你可以全力以赴，用搏命的速度狂奔（搏命有時是關鍵詞），或選擇較放鬆的模式，從容地呼吸空氣、欣賞周圍的壯麗景致——只要趕上三個補給站的關門時間就好！然而，我忘了提及這場賽事與其他比賽的兩個重要的不同點：湖區一日超級馬拉松是高地荒原路跑與山徑越野跑的混搭，更重要的是，參賽者必須自給自足，並且懂得使用地圖和指南針——這若不是激發你的冒險精神，就是讓你敬而遠之。

　　從卡德貝克村出發，第一賽段帶你到人跡罕至的卡德貝克高地，或者如當地居民所稱的「斯基多峰後山」（Back O'Skidda）。遊客比較偏好南邊高地大受歡迎的山峰，經常錯過這裡。不過這條路會帶你繼續前往崎嶇險惡的蒙

上：很多地方都沒有明顯的路徑，這是許多高地荒原賽跑的典型特徵。

左頁：有時候小徑會繞到文德米爾湖的湖岸邊。

格里斯戴爾公地（Mungrisdale Common）——
只要是嘗試過惡名昭彰的鮑伯格雷姆環線的
人，應該都很熟悉這裡（參閱194頁）。

　　其中一個棘手的地方——當然棘手的不
只一處——是從布倫卡斯拉丘（Blencathra）
下來。那裡的下山路線不只一條，最令人害怕
的是直接爬下霍爾山脊（Hall's Fell Ridge），
這條山脊本身的難度就相當可怕，應該屬於一
級。另外，要找到正確的路線也非常困難。
太快爬下山脊，就會陷入一堆巨石、峭壁和需

要技術的地形之中。嗚呼，我就選了一條錯誤
（而且還是最艱難）的路線，後面還跟著一群
跑者，他們誤以為我很清楚自己在做什麼！由
於判讀地圖和指南針的能力有待加強，我實在
不敢說自己大受歡迎。

　　在這比賽中，導航技能很重要。我通常
不會偏離目標太遠，但這次我肯定是有點恍了
神！但舉步維艱地爬上谷頂（Clough　Head）
、來到東部高地（Eastern Fells）後，導航絕對
會變得容易些，因為有赫威林峰（Helvellyn）

景色這麼美麗，怎麼可能不露出笑容？

首要祕訣

- 熟悉路線。
- 如果認為自己會跑到深夜，最好帶個很好的頭燈（以及備用電池或手電筒）。
- 可以在安布塞德鎮換鞋。

令人愉快的喘息機會，因為這表示高地荒原賽段結束，山徑越野跑賽段開始。迅速補充完能量、換好鞋子後，我繼續穿過湖區，沿著英格蘭最長的湖——文德米爾湖——的湖岸跑。在抵達紐比橋村（Newby Bridge）附近的最後一個食物補給站之前，白晝正好換成黑夜。匆匆再吃點東西後，我跟其他幾位跑者會合，戴上頭燈往南跑。知道離終點不遠，實在令人感到安慰。

夜跑讓感官變得敏銳，讓人更能感受到周圍的環境，但也會增加導航的難度。我必須集中注意力確定方位。幸好我的方位正確，在跑了13個半小時多之後，我到達卡美爾村，完成了跨越湖區的行程。

湖區一日超級馬拉松提供的東西很多，參賽者可以根據自己的健康狀態和經驗來調整，挑戰夜跑、剽悍的高地路跑、徒手攀登、平和的山徑越野跑、使用地圖與指南針的技能，或者純粹把這比賽當成刺激愉快地度過24小時的一種方式。無論哪一點觸動了你，這無疑都是欣賞壯麗湖區的最佳方法之一。

秀麗的陵線指引你走在正確的路上。當然在雲層低垂、能見度不佳的時候，試圖在昏暗中找尋極小的人行小徑會讓事情變得更困難。不過那正是高地路跑的樂趣之一。因為遠離群眾，世界在自己腳下，沒有固定的路徑，山脈又非常雄偉壯麗，這時生存本能就會開始發揮，你會覺得自己不可思議地充滿活力，同時又自由自在。

但是當然，不是每個人在高地都很開心。對很多人來說，抵達安布塞德（Ambleside）是

高難度路線

46 群島極限賽 ÖTILLÖ

瑞典申海島到烏特島　　山徑與開放水域游泳　　📅 9月　　🌐 www.otillo.se

距離

75公里
（含游泳10公里）

時	分	秒
0 8	1 6	0 0

（已知）最快時間

1 2	4 3	2 5

托拜亞斯的完賽時間

81%
完賽率

有人也許會問，既然你那麼熱中山徑越野跑，為什麼會決定把自己的人生變複雜，跑去瑞典參加跨越斯德哥爾摩群島26座小島的比賽？為了增加樂趣，這項75公里長的賽事還要求參賽者穿著防寒衣和溼透的鞋子游10公里！而且還不只這樣：參賽者必須兩人組隊，彼此絕對不能相距超過5公尺。

你可能會說我的瘋狂還更上一層樓，因為我參加這場許多人認為是世界上難度頂級的一日耐力賽，是在我婚禮的前一週。

「這是鞏固彼此關係的大好機會，」我宣稱，因為我選擇的隊友正是未婚妻湛安。

群島極限游跑世界錦標賽（ÖTILLÖ Swimrun World Championship）吸引了形形色色的人，且要求參賽者必須有些許背景，包括參加過一些高張力的鐵人三項、超級馬拉松和艱難的探險越野賽。而且由於名額只有120

太陽開始西沉時，一隊隊跑者朝著終點進行最後衝刺。

隊，取得參賽名額本身就是一種挑戰。

　　等你慶祝完自己的好運後，你會再考慮一下，因為你會發現這場比賽需要比平時更多的訓練。尤其如果你像我一樣不是很喜歡下水，而且「自由式」還游得亂七八糟的話（那是我未婚妻的說法）。還好，由於明白自己泳技不佳，我去上了課，獲益良多。不過參賽者必須為一些通常不會出現在跑者生活中的事做準備。

1. 欣然接受溼透的運動鞋——這總比在無人居住的島上赤腳踩過尖銳的岩石、順著森林小路或是獸徑跑要來得好。不過要購買盡可能輕量以及排水速度快的鞋款。
2. 雖然聽來瘋狂，不過大幅縮短防寒衣的袖長與褲長是明智之舉，因為這樣

雖然地形多變，但總是很美。

跑步時會涼快些。
3. 划手板不一定需要，視個人泳技而定。

　　和其他選手一起搭渡輪從斯德哥爾摩市到比賽起點申海島（Sandhamn）後，我們一刻也不耽擱，立刻去報到並查出至關重要的水溫。在這個大日子到來前，這件事一直占據著我們的思緒。由於比賽是在9月的第一個星期一，水溫從非常寒冷的攝氏10度到相對溫暖舒適的16度都有可能。

　　我們在心裡祈禱的另一件事是關門時間。因為有50處轉換區，很容易在慌忙戴上或脫下泳帽、泳鏡、漂浮用具、划手板時浪費時間。

事實上，除了OK繃、防寒衣、指南針、防水地圖夾、哨子等必要裝備以及攜帶這些裝備的袋子之外，其他的都是隨意，包括補水用的水袋。假如游泳不是你的強項，那麼漂浮用具和划手板會非常有用。但是兩腿間夾著浮板、手上戴著相當於蹼的東西，在上岸或跑步時都非常不便！但集體起跑後，下水的那一刻，我們所有的擔憂都消失了。這第一段泳道也是26段中最長的一段。「不管怎樣，前進就對了」是我們當天的座右銘。

說也奇怪，儘管水溫在攝氏11度左右，卻沒有我們想像中那麼冷，雖然我們確實有種腦門凍結的奇怪感覺。我們很快就找到了節奏，時時保持眼神交流，以免在一群穿著相似防寒衣的泳者之間走散。

終於到達第一座島時，我們簡直是用滾的爬上溼滑的岩石。這並不是我理想中讓未來妻子留下深刻印象的體面模樣。不過一旦上了岸，就是我們的舒適圈，雖然是最後上岸的隊伍，但我們很快就趕上步伐不是那麼穩健的人。

有一段人人泳道，人人畏懼──它名叫「豬泳」（Pig Swim），因為就困難度而言，它真的就像豬一樣討厭。由於是一條開放水道，1400公尺長的泳道其實游起來不止這個距離，因為水流會讓你偏離。到了這一段，我

上：比賽初期常會見到其他許多隊伍，提醒你們並不孤單。

中：大多數隊伍都選擇攜帶某種形式的浮具，綁在大腿或腰上。

下：由於岩石溼滑，上岸往往是最難的部分。

首要祕訣

- 確保你和隊友有共同的目標，可能的話還要有同樣的體力。
- 反覆練習轉換的技巧！如果沒有按照正確的順序戴上泳帽、泳鏡、浮具和划手板，可能會損失寶貴的時間。
- 先參加一次群島極限賽的資格賽。這不僅是很棒的練習，也讓你有機會試用所有的裝備。

的肩膀已經因為使用划手板而疼痛不已，最後我捨棄不用，把划手板塞進防寒衣的褲管裡。不過征服了這隻「豬」後，我們只要再跑半程馬拉松到奧恩島（Ornö）的最後一個檢查點就好，這裡的關門時間是18小時。之後我們就可以在合理的範圍內從容跨越剩下的五座小島，想花多久時間就花多久。

　　到達烏特島（Utö）的終點線時，我們兩人都如釋重負。這場賽事完美結合了體力、耐力、協力與熱情，我非常自豪完成了比賽。

湛安和我抵達終點，雖然筋疲力盡卻興高采烈。

高難度路線

47 生態環保越野賽巴黎站

ECOTRAIL DE PARIS

📍 法國巴黎　〰〰 山徑、馬路　📈 1500公尺　📅 3月　🌐 www.traildeparis.com

距離

80公里

時　　分　　秒
0 5 3 5 0 0
（已知）最快時間

0 8 1 8 0 0
托拜亞斯的完賽時間

關門時間：13小時

89%
完賽率

左頁：80公里比賽的出發點在伊夫林省聖康坦市。　　上：參賽者會經過許多巴黎最具代表性的建築與名勝古跡。

生態環保越野賽巴黎站是立刻就會引人遐想的比賽。光是想到可以跑80公里未經破壞的山徑穿過世上最風景如畫的城市，就令人十分嚮往。但真正讓這賽事與眾不同的是最後的壓軸戲：終點線設在艾菲爾鐵塔的第一層，要爬完垂直上升的328個階梯才能到達。我引起你的注意了嗎？

如名稱「生態環保越野賽」所暗示的，這場賽事的前提是建立在生態環保上。一抵達伊夫林省聖康坦市（St Quentin-en-Yvelines）休閒島（Île de Loisirs）的起跑區，大會就鼓勵參賽者思考環境問題。代替平常流動廁所的是木造的簡易茅坑，上完大號後要自己抓幾把鋸木屑蓋住。到處都有垃圾箱，鼓勵人回收塑膠製品。另外為了不浪費補給站的塑膠杯，他們甚至堅持要求參賽者自備杯子。由於有2000名參賽者，這麼做節省了很多杯子。

這多少有點諷刺，因為在2015年我參賽的那天，巴黎籠罩著一層厚厚的霧霾，所以他們提供免費的公共運輸工具，以便勸說大眾不要自己開車。我們大概整座城市裡最環保的人了！

主賽事在中午開始，這時間或許顯得有點晚，但由於平均完賽時間超過十小時，加上關門時間是凌晨1點，這樣的安排是為了讓大多數人在夜間抵達艾菲爾鐵塔的終點。事實上，

賽道大多循著穿越樹林與公園的小徑。

許多人認為多虧了那2萬顆電燈泡，從黃昏到凌晨1點每小時閃爍五分鐘，夜幕降臨後才能看到最璀璨的鐵塔。

　　據說春天的巴黎是最美的。雖然當天天氣陰沉（更別提前面說過的霧霾），但你還是很難不愛上這座擄獲許多人心的美好城市。這場賽跑有90%是在小徑上，穿過巴黎一些最迷人的區域。當然，這賽事也以食物聞名，你到補給站就會非常明白這點。法國人不大理解碳水化合物的概念，寧願讓你吃起司、義大利辣香腸和湯──這些替代品比能量飲料和果膠文明多了。

　　賽道爬升1500公尺的高度，這數字並不十分驚人。但由於這高度是分散在許多「短而陡峭」類型的丘陵中，1500公尺就感覺有點太多。在賽道上的幾個點，你會瞥見終點，覺得似乎近在眼前，但由於不斷迂迴曲折，它很快又會變遠，實在是氣死人。不過最後，當黃昏接近、白晝變成黑夜時，艾菲爾鐵塔就成了明亮的希望燈塔。沿著塞納河跑最後一段路時，鐵塔會把人如飛蛾撲火似地吸引過去。

　　到了鐵塔後，很難不對鐵塔的規模心生敬

首要祕訣

- 要留充裕的時間前往出發點,因為到伊夫林省聖康坦市的路途出乎意料地遙遠。
- 帶上相機或智慧型手機。
- 穿普通的路跑鞋就可以了。但若有點飄雨,你會想要穿一雙舒適的越野跑鞋。

畏。它像個巨人般聳立在你上方,你會頓時慶幸終點只在第一層而已。通過安檢後,跑者和終點之間只剩下328個階梯。由於知道痛苦將會在幾分鐘內結束,我一次跨兩階地往上跑,過程中甚至超越幾位大吃一驚的跑者,最後以8小時18分的成績越過終點線。

我在鐵塔周邊閒逛,俯瞰散亂延伸出去的巴黎燈火,覺得要贏得眼前的美景,真的沒有比這更合適的方法了。

好近又好遠:終點在艾菲爾鐵塔,看起來好像非常近,但仍在32公里外。

高難度路線

48 馬德拉島超級越野賽

MADEIRA ISLAND
ULTRA TRAIL

📍 穿越整座馬德拉島　〰 山徑／高山　　🏔 6800公尺　　📅 4月　　🌐 www.madeiraultratrail.com

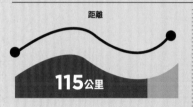

距離

115公里

時　　分　　秒
143600
（已知）最快時間

222700
托拜亞斯的完賽時間

關門時間：32小時

74%
完賽率

「你聽過馬德拉島超級越野賽嗎？」某年耶誕節，我太太湛安一邊看一本跑步雜誌，一邊抬起頭來問我。

　　一會兒後，我們擠在筆電前看一段賽跑的影片，跑者穿越的土地令人想起亞瑟・柯南・道爾的《失落的世界》（*The Lost World*）。在薄霧中若隱若現的高山、蓊鬱蒼翠的植被、把高山上珍貴的水引到海岸邊乾燥地區的灌溉渠

右頁：雖然比賽大半是沿著著名的「lavados」跑，但有些賽段是在極美的狹窄小徑上。

（在馬德拉島上稱為lavados）、鑿在岩石中的隧道……一切看起來都超脫塵世。這個賽事也列在超級越野世界巡迴賽（Ultra World Tour）的「未來比賽」名單中。

　　馬德拉島超級越野賽（MIUT）提供了四

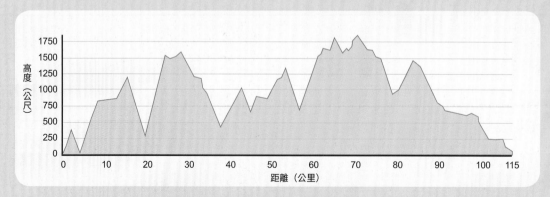

種比賽，適合每一個人：從相對平淡的17公里賽一直到最重要的115公里賽，還有介於中間的40公里與85公里兩種選項。渴望盡可能多看看這座島嶼的我選擇了主賽事，115公里長的賽道裡居然塞進了令人痛苦的6800公尺爬升。比賽穿越整座島，起點是西北邊的莫尼斯港（Porto Moniz），終點是在馬希科廣場（Forum Machico）。和許多同樣距離的比賽一樣，出發時間在午夜，這表示你若要在32小時的關門時間內跑完，那麼你大約會有48小時時間都要保持清醒，足以讓任何人變成行屍走肉。

雖然比賽是在4月，但山區的天氣卻相當變幻莫測。海岸邊可能晴朗炎熱，但到了一定的海拔高度以上，氣候就全看運氣，但一般而言氣溫會低個好幾度。

不難看出為什麼馬德拉島會被譽為大西洋之珠。

由於總共得爬升6800公尺，時間從一開始就不能浪費。在離開莫尼斯港的路上，我們立刻就開始攀爬一座讓人肺快要爆炸的山丘。到達山頂後，沿著一段危險的臺階下山，大多數葡萄牙跑者都以天生的敏捷飛奔下去。一直到了山腳下我才回頭，看見令人吃驚的大量頭燈呈之字形順著山腰而下。

那晚過得相當快，大概是因為我全神貫注在設法避免跌倒。除了跑在lavados旁邊以外，這裡的地形都非常需要技術：很容易被絆倒的危險木階梯、溼滑的樹根、散亂的岩石，所有增加跑步難度的東西統統都有。我算相當擅長爬山，所以會在上坡時爭取時間，但到了下坡時又會失去優勢，只能惱火地看著我剛才超過的人再次從我旁邊飛奔而過。

比賽前六個小時，我已經跑了將近40公里路，也爬了將近3000公尺，但這甚至還不到一

右頁：最終的優勝者路易斯·費南德斯（Luis Fernandes）正跑向賽道最高點——美麗的阿里埃魯峰。

下：由於比賽在午夜開始，你會需要一個好頭燈來看清前面的路。

半。差得遠了。就在我開始感到疲憊、失去繼續跑的意志時，太陽從群山間冒出頭來，溫暖的光輝不僅投射在岩石上，更重要的是也照在我身上。此外，少了蒙住雙眼的黑暗，我也開始能夠欣賞迷人的風景。

周遭的景致變化極大，從茂密的熱帶植被變成鑿在岩石表面的崎嶇小徑，有時還會帶領我們進入非常深的隧道。裡頭十分昏暗，另一頭的光只有針孔那麼大，讓我不得不再次打開頭燈。賽道中最精采的部分毫無疑問是1818公尺高的阿里埃魯峰（Pico do Arieiro），島上的第三高峰。巨大嶙峋的岩石尖塔下面覆蓋著

一層厚厚的雲，偶爾風會吹散雲層，揭露出周圍風景的全貌。我能看出為什麼這裡會是島上最熱門的旅遊景點。倘若有地方可以稱為伊甸園，鐵定就是阿里埃魯峰。

　　早在我還沒看見終點前，就先聽見了終點的廣播——雖然冠軍在大約八小時前就已經通過。等我衝過終點線時，差不多是晚上10點半。MIUT完全符合我的期待，甚至更好。

首要祕訣

- 帶上健走杖，你會需要的！
- 防風夾克在夜裡特別有用，因為山頂會很冷。
- 夜間路面危險，所以要帶上你最強力的手電筒。

高難度路線

49 橫越火山越野超馬
TRANSVULCANIA

加納利群島帕爾馬島　〜〜 山徑　　🏔 4191公尺　　📅 5月　　🌐 www.transvulcania.com

距離

76.7公里

時　分　秒

065200

（已知）最快時間／賽道紀錄

135513

托拜亞斯的完賽時間

關門時間：16小時

60%
完賽率

當你開始神智不清的那一刻，感覺很奇怪。在高溫的摧殘下，你拚命尋找哪怕只有一絲絲的涼蔭，任何能夠幫助降溫的東西都好。雖然我在之前的五個小時內已進行了五、六次「冰桶挑戰」，但我很快就發現跑上火山是一項艱苦的工作。正因如此，76.7公里長的橫越火山越野超馬才會被視為全世界（不只是歐洲）最艱難、名氣最大的山地賽跑之一。

每年都有超過1000萬人造訪加納利群島（Canary Islands），但其中只有30萬人會到帕爾馬小島（La Palma）。這裡是火山的國度，也是GR130和131的所在地，這兩條健行步道正是這項不可思議的賽事的靈感來源。

雖然橫越火山越野超馬從2007年開始舉行，但必須等到它在2012年成為天空跑世界系列賽的一站後，才突然變成超馬界的搖滾巨星，吸引了世界頂尖的山地跑者，從基里安·霍爾內特、達科塔·瓊斯（Dakota Jones）到安娜·佛洛斯特與艾蜜莉·佛斯貝里。這是凡人跟大神一起在塔布連特山國家公園（National Park of La Caldera de Taburiente）的雲端上奔跑的機會。

比賽在清晨6點從海平面的弗安卡連特燈塔（Faro de Fuencaliente）出發。這座顯眼的燈塔位在小島南邊，高24公尺，驕傲地眺望大海，警告船隻注意危險的礁石。但當我們聚集在燈塔下面的時候，所有的眼睛都望向內陸。

詢問任何人有關橫越火山越野超馬的出發情況，你會得到一連串包含「瘋狂」或「混亂」在內的詞彙。清晨6點天色仍暗，在出發後的幾分鐘內，就已經有將近2000名跑者擠在狹窄的道路上，循著小徑跑向特內吉亞（Teneguia）和聖安東尼奧（San Antonio）兩座火山腳下的陡峭斜坡。

我想要避開「瘋狂」，因此出發時選擇靠

後的位置，這個決定大概讓我多花了30分鐘，但也防止我一開始就衝得太猛。有些人偏離小路試圖走捷徑，但地上滿是鋒利的岩石，就像詭雷一樣，讓任何莽撞的跑者都只能迅速停下腳步。

雖然我們經過第一個補水站加納利爾斯鎮（Los Canarios）的時候時間還早，但所有人都起來歡迎我們，或者至少看起來是這樣。無論在任何時刻，小島居民的慷慨與熱情好客都顯而易見。然而，由於選擇了輕鬆的跑法，我抵達短短24公里外的皮拉爾（El Pilar）時，只比五小時的關門時間早了45分鐘。我完全低估了爬升2000公尺所需要的時間——在技術地形上，要在半馬的距離內爬升2000公尺，比我想像的要困難得多。

除了頭燈、紅色尾燈、保暖毛毯、手機之外，另一件必不可少的關鍵裝備是一個至少能裝1公升水的飲水系統。當我沉重緩慢地爬上穆查丘斯岩（Roque de los Muchachos）時，我渴到連舔郵票的口水都不夠！那裡海拔2421公尺，是島上最高點。我在兩個補給站之間的漫長路程中幾乎把水喝得精光，發誓假如再次參加這項比賽，一定要帶更多的水。

賽道的形狀像個巨大的問號，環繞著塔布連特火山口（Taburiente Crater），意思是你一直都能看到終點，雖然它好像永遠都不會變近。但景色美到讓你死了都值得。我們下方厚厚的雲層遮住了大海，但可以看出遠方的特內里費島（Tenerife）和戈梅拉島（Gomera），兩座島自己的火山也從雲端探出頭來。

俗話說得好，有起就有落。從穆查丘斯岩往塔薩科爾特港（Puerto de Tazacorte）的2000公尺下坡讓人腳軟，是我跑過的下坡中最讓人討厭的之一。只要踩錯一步，你就會一臉栽進鋒利的火山岩裡。自從考駕照以來，我就沒有這麼努力地集中精神這麼長的時間過！

但抵達海平面的塔薩科爾特時，不要以為一切都已經結束。雖然這確實是GR131的終點，但倒胃口的尾段還沒到：主辦單位要你調頭，再跑5公里的上坡路到洛斯拉諾斯亞里達內（Los Llanos de Aridane）。無論最後幾公里感覺多麼艱辛，當你踏上紅地毯、通過完賽拱門時，你會突然領悟到自己完成了多麼重大的一件事，那一刻所有的疼痛都消失了。這時你才會明瞭，為什麼這場賽事會受到世界頂尖山地跑者這麼大的敬重。

首要祕訣

- 再多帶半公升的水。就算沒喝，也總可以淋到頭上！
- 我沒帶健走杖，但我恨不得自己有帶。
- 不要犯和我一樣的錯：穿黑色衣物（黑色會吸收陽光）。選擇淺色或白色的衣服。

在前往火山頂途中可以欣賞到全景。

高難度路線

50 龍脊賽

THE DRAGON'S BACK RACE

威爾斯康維市到蘭迪洛鎮　〰 高地與山地　📶 1萬6000公尺　📅 6月（每兩年一次）　🌐 www.dragonsbackrace.com

距離

290公里

時　分　秒
4 0 0 8 0 0
（已知）最快時間

6 1 2 1 0 0
托拜亞斯的完賽時間

50%
完賽率

我把這場比賽留到最後，只是因為它代表了我撰寫《燃燒跑魂》的最後一段旅程。這本書中的所有比賽、跑過的幾千公里和攀爬過的幾萬公尺，全都是在為龍脊賽做準備——這場比賽可以說是世界最艱難的山地賽跑之一。

當我在康維堡（Conwy Castle）聽著邁爾貢男聲合唱團唱歌時，我必須掐一下自己。

這一刻我等了三年多，感覺卻像等了一輩子。我看過1992年的照片，讀過許多比賽的相關報導，看了2012年比賽的影片。現在輪到我了。

龍脊賽是為期五天、290公里的比賽，跨越威爾斯的中心山脈，累計爬升的高度幾乎是聖母峰的兩倍。但要了解這個賽事所象徵的重要意義，必須把時光倒回1992年第一屆比賽舉行的時候。由於有大量的新聞報導、電視攝製小組等等，那場比賽吸引了全世界最優秀的運動員，包括特種部隊的成員、一位三度贏得斯巴達馬拉松冠軍的選手、英國的菁英山地跑者，這些還只是略舉一二。讓許多人跌破眼鏡的是，贏得比賽的是一位相對沒沒無聞的女性——海倫·迪亞曼提迪斯（Helene Diamantides，現在改姓惠特克〔Whitaker〕）和她的跑步搭檔馬丁·史東（Martin Stone）。

比賽的起點在中世紀的康維堡。

跑者迅速吃力地爬上赤脊山，背景是山口頂青年旅社。

這也是第一次有女性直接抱走超級馬拉松的冠軍。

令許多跑者失望的是，之後的20年裡，這個賽事再也沒有舉行過。最初負責籌辦的是傘兵團的成員，他們認為這不僅在安排後勤補給上是個困難的挑戰，而且難度過高，不易完賽。在1992年，只有1/3的選手完成比賽。

20年後，尚恩・歐利（Shane Ohly）這位經驗豐富的跑者和賽事策畫者讓這項賽事起死回生。然而歷史重演，第一天結束時82隊中只有31隊成功跑完那一賽段。而當週結束時，那個數字已經掉到29。

龍脊賽之所以這麼具有挑戰性，有幾個因素：

1. 這比賽非常著重自給自足。為了在山區生存，參賽者必須攜帶充足的裝備，從防水衣物、露宿袋一直到食物和飲水。
2. 賽道沒有標示，從檢查點到檢查點之間的路參賽者必須靠自己導航，而且

這裡的攀登難度可能只有一級，但在赤脊山鋒利的山脊一失足就完了。

只能使用地圖和指南針（需要的時候可以稍微藉助一下GPS）。

3. 由於是山地賽跑，所以沒有明確的路徑，你只能循著山羊踩出來的路與等高線前進。

4. 關門時間嚴格執行，意思是只要導航出錯、迷路、受傷，或純粹發現自己不夠健壯無法及時完成，就會遭到淘汰，雖然還是可以用不算排名的方式繼續。

　　這些思緒在我腦中轉來轉去，但我只有一個目標，那就是完賽。我的策略是一次通過一個檢查點，順其自然，不擔心別的事。這個戰術似乎有效。

　　第一天是49公里，但有讓人腳軟的3800公尺爬升，威爾斯地區900多公尺的山我們差不多都爬過了，包括讓人暈眩的赤脊山（Crib Coch）和嚴酷的斯諾多尼亞馬蹄山（Snowdon Horseshoe）。這是我最擔心的一個賽段，因為最需要技術。儘管能見度不佳，但導航還算容易，因為我幾星期前已經先偵察過這段路線。

　　但和其他許多多日賽不同的是，龍脊賽的營地簡直夢幻。所有的帳棚都已經為我們搭好，晚餐整晚供應，還有免費的按摩，需要的話也有醫療帳棚幫忙處理傷口，什麼都不缺。打卡後，大家立刻展開維持生命的例行活動：進食、按摩、做伸

展運動、打搖蚊、整理隔天的裝備、睡覺……任何有助身體恢復的一切。但第一天結束後，我就進入了新的領域。由於之前已經爬了一整天的山，第二天變得十分具有挑戰性，原因很多。以54公里和3544公尺的爬升高度來說，長度略長、攀爬略少，但穿越了令人生畏的摩爾溫山（Moelwyns）和里諾格山（Rhinogs）。如果世界上有哪兩座山是我這輩子再也不想看到的，那絕對是大、小里諾格山。但那天真正害人的是炎熱，有幾位跑者中了暑。而雖然這天的山丘稍微矮一些，但數量多很多，因此對所有人來說都是艱苦的一天。

大多數人不會選擇在生日當天跑68公里，但若想堅持到第三天結束，我別無選擇。第三天是所有賽程中最長的一段，還要登上卡達伊德里斯山（Cadair　Idris）與普林利夢峰（Plynlimon）的山頂。對許多人（包括我自己）來說，這也是最艱難的一天，因為每天跑步的累積效應對我們如今疲憊的身體造成了影響，因此退出比賽的人數也最多。又有19人退賽，只剩56%的參賽選手：惡龍正在復仇。

完成最長的一段後，大家可能覺得第四天應該會容易些。相較之下確實是這樣：雖然

事實證明，凶險的赤脊山是對雙腿的考驗。

首要祕訣

- 盡可能多參加山地馬拉松是為這場比賽做準備的最佳方法。

- 掌握地圖和指南針的使用方法。如果你不會使用，就去上課。

- 練強壯些：不只花時間在山丘上，還要上健身房，鍛鍊體力與身體狀況。這能讓你避免受傷，也有助你連續攀爬。

64公里只短了那麼一點點，但爬升只有2273公尺。倘若有一個日子適合用來精進確認方位的技巧，那就是這一天，尤其是在叢叢的紫色荒原草、沼澤，及任何伊蘭谷（Elan Valley）可能展現在你面前的東西之間奮力前進的時候。不過這是和前往最後一處營地的10公里道路相比。

最後一天的長度是56公里，我們必須越過布雷肯比肯斯國家公園（Brecon Beacons）——我從當兵時就非常熟悉威爾斯這一帶。因此當賽事總監宣布會有時速48公里的強風和大雨時，我幾乎不敢相信地大笑出聲。果然，天氣預報很準。我們奮力狂奔，只願方向正確，並且徒勞地試圖保持溫暖，想要盡快到達終點。

等我抵達位於卡雷格凱南城堡（Carreg Cennen Castle）的終點時，總共跑了61小時21分鐘。我運用了本書中所有的訣竅，讓自己堅持跑完這五天——不要逼得太緊、儘量挑最好跑的路線、無論在山上或晚上都要吃大量的食物、穿著壓力褲把腿抬高。現在比賽結束，我的身體發出最後一聲疲倦的嘆息，放鬆下來。

完成了：我從惡龍的魔爪中逃出生天。現

過了五天、跑了320公里後，我抵達終點，位在布雷肯比肯斯國家公園內的卡雷格凱南城堡。以這裡作為這50場磅礴賽事的終點，真是再棒不過。

在我可以名正言順地說我是極少數跑過龍脊賽的人之一！謝天謝地，這只是一場全新冒險的開端。

謝誌

本書涵蓋的賽事花了我十年時間，而我可以說，要我感謝那些幫助過我的人，我可能得花上幾乎同樣長的時間。毫無疑問，我必須特別感謝所有的賽事總監、工作人員，以及非常棒的志工，他們不辭辛勞地站在雨中遞出水杯、軟糖，或純粹為我指點正確的方向。應該說，若沒有志工，這些賽事都辦不成。

我也想感謝許多透過跑步認識、共事的朋友，人數多到無法一一列舉，不過有些人非常重要，不可不提：Bruce Duncan、James Thurlow、Matt Ward、Tord Nilson、Nick Gracie、Lee Procter、Andy Bruce、Wes Crutcher、Jay Goss、Fred Keeling、Shane Ohly、Simon & Julie Freeman、Damian Hall、Guy Jennings、James Heraty、Robbie Britton、Tim Hill、Adam Marcinowicz、Dan Whitney、James Carnegie、James Hendy，以及成員愈來愈多的本地跑步俱樂部——克拉彭追逐者。

另外有個值得特別一提的人是我的老朋友Phil Davies。我們常在晚上閒聊想參加的比賽。報名2011年的撒哈拉沙漠馬拉松賽就是他的妙點子——我現在的事業就是這麼被他促成的。謝啦兄弟！

當然我也應該提到，多年來要不是有各種不同品牌提供我裝備、支持我從事記者工作，這些賽事有很多都不可能實現：Inov8、Salomon、adidas、adidas Eyewear、Asics、Merrell、Haglöfs、The North Face、SatMap，以及Black Diamond。

我還要感謝最初委託我參與這些賽事的報章雜誌編輯，例如《Runner's World》、《Men's Running》、《Men's Fitness》、《Outdoor Fitness》和《Telegraph Men》。然後還要謝謝那些才華洋溢的攝影師，捕捉了這些比賽的痛苦與榮耀，為本書的頁面帶來生氣。

另外我要特別提及委任我寫這本書的Robin Harvie，還有我的編輯Lucy Warburton以及她在Aurum Press的團隊。感謝他們孜孜不倦地支持、讓這本書看起來如此精采。但最重要的是，我要感謝母親給我鼓舞、從不退縮，並且相信我的能力，無論我是當作家還是運動員。最後同樣要感謝我親愛的太太湛安幫我訂正沒完沒了的疏漏，還陪我去參加本書中那麼多場冒險和比賽。

圖片出處

LUT2015 2–3, 182, 183, 184–5, 186, 187 (top and bottom); James Carnegie Photography 4–5, 232, 233, 234, 236, 237, 238; Tobias Mews 6 (top and middle), 85, 202–3, 204, 205, 237; sportograf.com – Guido Holz 6 (bottom), 168, 169, 170–1, 172, 173; MARATHONDESSABLES/CIMBALY 8, 178, 179, 180, 181; rb create.com 10, 14–15, 25, 26–7, 27; Getty Images (JUSTIN TALLIS/AFP) 13, (Paul Grogan/PhotoPlus Magazine) 13, 196–7, (Loop Images/UIG) 39, (Darren McColleste) 48, (Tom Dulat) 66, (Mustafa Yalcin/Anadolu Agency) 79, 80, 81, (David Doubilet/National Geographic) 83, (NICOLAS TUCAT/AFP) 97, 98–9, (RAJESH JANTILAL/AFP) 131, 132, (Samir Hussein/WireImage) 138–9, (Chris Jackson) 140–1, (JEAN-PIERRE CLATOT/AFP) 189, 192; Kirsten Holst/Tough Mudder 16, 17; Westminster Mile 21; Marathonfoto.net 23, 90; Rob Howard/RandR Photos 28, 29 (top and bottom), 30–31, 32, 33; AE Photos.co.uk 34, 35, 36, 37; Elizabeth Roberts 40, 41, 43; Neil Williams, Poole AC treasurer and Race director 42; Rob Crayton 45, 46–7; Alamy Stock Photo (JEP News) 50–1, (Ian Patrick) 65, (PCN Photography) 91, (Image Source) 153; Lizzie Wilkinson 52–3, 54, 54–5; Rodney McCulloch 56–7, 58; Katrin Kroschinski Photography 59; Alex Broadway 61; Press Association (Sophie Duval / EMPICS Entertainment) 62–3, (Andrew Parsons / PA Archive) 69, (Owen Humphreys / PA Archive) 136–7; Matt Walder for Wings for Life World Run 71, 72; Olaf Pignataro for Wings for Life World Run 73; Epic Action Imagery 75, 77; Underground Ventures 76; www.Marathon-Photos.com 83; Red Bull Content Pool (Ben Dean) 86–7, (Richie Hopson) 142–3, (Leo Francis) 144, 145; 2015 ASICS America Corporation. All rights reserved 88; Lagardere Unlimited 93 (top and bottom), 94, 95 (top and bottom); Maindru Photo 96; Snowdonia Marathon Eryri 101, 102, 103; Matthias Hornung 105, 106–7; Ian Jubb 109, 110–111; Ian Melvin 113, 114, 115, 116–7; Threshold Sports 118, 119, 121; Whole Earth Foods and Sam Bagnall Photography. Whole Earth Man V Horse 2014 123, 124; Sam Bagnall 125; Athena Pictures 126–7, 128; Dave MacFarlane 134, 135, 136; CC-Attribution-NoDerivs 2.0 (2014 j.e.mcgowan https://www.flickr.com/people/16484155@N08/) 144, (2008 akunamatata https://www.flickr.com/photos/akunamatata) 190, 191 (top and bottom); Endurancelife 147; Milton Haworth 150, 151, 152; PhotoFit 154, 155, 156–7, 158; Madeira Island Ultra Trail 160–1, 223, 224–5, 226, 227; Julian Apse Photography 163, 164 (top and bottom), 165, 166–7, 167; Martin Paldan 174, 175, 176, 177; Flashsport.com 193; Adam Marcinowicz 194, 195; Reuben Tabner 199, 200–201; Francis Myers Photography www.photography-fm.com 208; Dave MacFarlane 210, 211, 212–3; ÖTILLÖ 14 (Nadja Odenhage) 214, 215, 216 (middle), (Jakob Edholm) 216 (top and bottom), (Emma Tüll) 217; Anthony Chaumontel 218; Christophe Guiard 219, 220, 221; Racephotos Sports Photography 230–1.

免責聲明

　　本書報導了讀者可能普遍感興趣的資訊和意見。出版社和作者與這些賽事無關,也沒有贊助或代言任何比賽、網站、組織,或書中提到的其他資訊來源,出版社與作者不保證這些來源提供的資訊或建議正確、完整,或通用。本書裡提到的賽事對身體與精神都相當具有挑戰性,參與這些比賽存在醫療風險,其中有很多可能非常嚴重或致命。讀者應該充分了解這些賽事,並且在開始鍛鍊或訓練計畫前,或者參加任何賽事之前,先諮詢過醫師的意見。出版社和作者不代表或保證本書內容的正確性、完整性或通用性,並且特別聲明不承擔,不限於任何適銷性或適於特定用途之默示擔保,以及因為使用或運用本書內容直接或間接造成的受傷、生病、傷害、負債,或損失的責任。